MANUEL

A L'USAGE

DES CATÉCHISMES

De St-Sulpice, St-Etienne-du-Mont, St-Germain-l'Auxerrois, St-Nicolas-des-Champs, et plusieurs autres Paroisses de Paris.

A PARIS,

Chez { L'Editeur, rue Garencières, N.° 6 ; Legrand, rue des Fossoyeurs, N.° 6, } près St-Sulpice.

1806.

AVIS DE L'ÉDITEUR.

Notre Manuel et *nos* Exercices *ont paru dans des circonstances différentes, et ont rempli alors les buts respectifs que nous nous étions proposés. On nous a représenté depuis, et nous avions senti nous-mêmes, la nécessité de faire un tout de ces deux Ouvrages; c'est ce que nous avons exécuté dans le* MANUEL *que nous publions aujourd'hui. Nous espérons qu'il sera d'autant mieux accueilli, que le nouveau plan sur lequel il est rédigé, n'est que le resultat des observations qu'on a bien voulu nous faire.*

Ce MANUEL *se divise en trois Parties.*

La première contient les Exercices du matin et du soir, *pour tout le cours de l'année.* — *Nous avons préféré à la* Conduite pour entendre la Sainte Messe, *qui se trouvait dans nos* Exercices, *la* Conduite *que nous indiquons ici, parce qu'elle distingue mieux les différentes parties du saint Sacrifice, et que, par conséquent, elle aidera davantage, et le Catéchiste à en expliquer l'esprit et les cérémonies, et les Enfans à y assister avec fruit.*

La seconde Partie comprend les Cantiques. *Nous en avons corrigé quelques-uns; nous en avons ajouté plusieurs sur des sujets nouveaux, et nous avons rangé les uns et les autres dans un ordre qui nous a paru plus convenable. Nous* offrons ce Recueil comme le plus complet et le plus soigné qui existe.

La troisième Partie contient les Exercices pour les Retraites et pour les jours de la première Communion et de la Confirmation. Un grand nombre de Catéchistes des diocèses éloignés, désirent connaître la marche que l'on suit dans les Retraites à Saint-Sulpice et dans les grandes Eglises de Paris : nous la traçons dans le plus grand détail. Il sera aisé de voir les modifications qu'exigent les tems, les personnes et les lieux.

Ce MANUEL ne laisse donc rien à désirer. On y trouvera tout ce qui est nécessaire, et pour le catéchisme, dans le cours de l'année, et pour les époques de la première Communion et de la Confirmation : aussi croyons-nous pouvoir assurer, qu'il ne subira désormais aucun changement.

Nous offrons ce petit volume à nos Confrères, comme un témoignage de notre reconnaissance pour les avis qu'ils nous ont donnés, et à nos Enfans, comme une preuve de notre empressement à adopter tout ce qui peut contribuer à leur plus grande utilité.

PREMIÈRE PARTIE.

EXERCICES DU MATIN.

PRIÈRES DU MATIN.

In nomine Patris, et Filii et Spiritûs Sancti.
Amen.

*Mettez-vous en la présence de Dieu, adorez
son S. Nom.*

Très-sainte et très-auguste Trinité, Dieu
seul en trois personnes, je crois que vous êtes
ici présent. Je vous adore avec les sentimens
de l'humilité la plus profonde, et vous rends
de tout mon cœur les hommages qui sont dûs à
votre souveraine Majesté.

*Remerciez Dieu des grâces qu'il vous a faites,
et offrez-vous à lui.*

Mon Dieu, je vous remercie très-humblement de toutes les grâces que vous m'avez

faites jusqu'ici. C'est encore par un effet de votre bonté que je vois ce jour ; je veux aussi l'employer uniquement à vous servir. Je vous en consacre toutes les pensées, les paroles, les actions et les peines. Bénissez-les, seigneur, afin qu'il n'y en ait aucune qui ne soit animée de votre amour, et qui ne tende à votre plus grande gloire.

Formez la résolution d'éviter le péché, et de pratiquer la vertu.

ADORABLE Jésus, divin modèle de la perfection à laquelle nous devons aspirer, je vais m'appliquer, autant que je pourrai, à me rendre semblable à vous : doux, humble, chaste, zélé, patient, charitable et résigné comme vous ; et je ferai particulièrement tous mes efforts pour ne pas retomber aujourd'hui dans les fautes que je commets si souvent, et dont je souhaite sincèrement de me corriger.

Demandez à Dieu les grâces qui vous sont nécessaires.

MON Dieu, vous connaissez ma faiblesse. Je ne puis rien sans le secours de votre grâce. Ne me la refusez pas, ó mon Dieu ! proportionnez-là à mes besoins : donnez-moi assez de force pour éviter tout le mal que vous défendez, pour pratiquer tout le bien que vous attendez de moi, et pour souffrir patiemment toutes les peines qu'il vous plaira de m'envoyer.

Oraison Dominicale.

PATER noster, qui es in Cœlis: sanctificetur

nomen tuum : adveniat regnum tuum : fiat vo-
luntas tua, sicut in cœlo et in terrâ. Panem
nostrum quotidianum da nobis hodie : et dimitte
nobis debita nostra, sicut et nos dimittimus
debitoribus nostris : et ne nos inducas in tentationem, sed libera nos à malo. Amen.

Salutation Angélique.

Ave, Maria, gratiâ plena ; Dominus tecum :
benedicta tu in mulieribus, et benedictus
fructus ventris tui Jesus.

Sancta Maria, Mater Dei, ora pro nobis
peccatoribus, nunc et in horâ mortis nostræ.
Amen.

Symbole des Apôtres.

Credo in Deum Patrem omnipotentem, Crea-
torem cœli et terræ ; et in Jesum Christum
Filium ejus unicum, dominum nostrum ; qui
conceptus est de Spiritu Sancto, natus ex Ma-
riâ Virgine ; passus sub Pontio Pilato, cruci-
fixus, mortuus et sepultus ; descendit ad infe-
ros, tertiâ die resurrexit à mortuis ; ascendit
ad cœlos, sedet ad dexteram Dei Patris omni-
potentis ; inde venturus est judicare vivos et
mortuos.

Credo in Spiritum Sanctum, Sanctam Eccle-
siam Catholicam, Sanctorum communionem,
remissionem peccatorum, carnis resurrectionem,
vitam æternam. Amen.

Confession des péchés.

Confiteor Deo omnipotenti, beatæ Mariæ
semper Virgini, beato Michaëli Archangelo,
beato Joanni-Baptistæ, Sanctis Apostolis Petro

et Paulo, omnibus Sanctis, et tibi, Pater, quia peccavi nimis cogitatione, verbo et opere; meâ culpâ, meâ culpâ, meâ maximâ culpâ. Ideò precor beatam Mariam semper virginem, beatum Michaëlem Archangelum, beatum Joannem-Baptistam, Sanctos Apostolos Petrum et Paulum, omnes Sanctos, et te, Pater, orare pro me ad dominum nostrum.

MISEREATUR nostrî omnipotens Deus, et dimissis peccatis nostris, perducat nos ad vitam æternam. Amen.

INDULGENTIAM, absolutionem et remissionem peccatorum nostrorum tribuat nobis omnipotens et misericors Dominus. Amen.

Invoquez la Sainte Vierge, votre bon Ange et votre Saint Patron.

SAINTE Vierge, Mère de Dieu, ma Mère et ma Patrone, je me mets sous vôtre protection, et je me jette avec confiance dans le sein de votre miséricorde. Soyez, ô Mère de bonté, mon refuge dans mes besoins, ma consolation dans mes peines, et mon avocate auprès de votre adorable Fils, aujourd'hui, tous les jours de ma vie, et particulièrement à l'heure de ma mort.

Ange du Ciel, mon fidelle et charitable guide, obtenez-moi d'être si docile à vos inspirations, et de régler si bien mes pas, que je ne m'écarte en rien de la voie des Commandemens de mon Dieu.

Grand Saint, dont j'ai l'honneur de porter le nom, protégez-moi, priez pour moi, afin que

je puisse servir Dieu comme vous l'avez servi
sur la terre, et le glorifier éternellement avec
vous dans le Ciel. Ainsi soit-il.

LES COMMANDEMENS DE DIEU.

1. UN seul Dieu tu adoreras,
   Et aimeras parfaitement.

2. Dieu en vain tu ne jureras,
   Ni autre chose pareillement.

3. Les Dimanches tu garderas,
   En servant Dieu dévotement.

4. Tes père et mère honoreras,
   Afin de vivre longuement.

5. Homicide point ne seras,
   De fait ni volontairement.

6. Luxurieux point ne seras,
   De corps ni de consentement.

7. Le bien d'autrui tu ne prendras,
   Ni retiendras à ton escient.

8. Faux témoignage ne diras,
   Ni mentiras aucunement.

9. L'œuvre de chair ne désireras,
   Qu'en mariage seulement.

10. Biens d'autrui ne convoiteras,
    Pour les avoir injustement.

LES COMMANDEMENS DE L'ÉGLISE.

1. LES Fêtes tu sanctifieras,
   Qui te sont de commandement,

2. Les Dimanches la messe ouiras,
   Et les Fêtes pareillement.

3. Tous tes péchés confesseras,
   A tout le moins une fois l'an.

4. Ton créateur tu recevras,
   Au moins à Pâques humblement.

5. Quatre-Tems, Vigiles, jeûneras,
   Et le Carême entièrement.

6. Vendredi, chair ne mangeras,
   Ni le samedi mêmement.

Litanies du Saint Nom de Jésus.

Kyrie, eleison.

Christe, eleison.

Kyrie, eleison.

Jesu, audi nos.
Jesu, exaudi nos.
Pater de cœlis, Deus,
   miserere nobis.

Fili, Redemptor mun-
   di, Deus,
   miserere nobis.
Spiritus Sancte, Deus,
   miserere nobis.
Sancta Trinitas, unus
Deus, miserere no-
bis.
Jesu, Fili Dei vivi,
                  mis.
Jesu, splendor Patris,
                  mis.
Jesu, candor lucis æ-
ternæ,   mis.

Seigneur, ayez pitié
   de nous.
Christ, ayez pitié de
   nous.
Seigneur, ayez pitié
   de nous.
Jésus, écoutez-nous.
Jésus, exaucez-nous.
Dieu le Père, des Cieux
   où vous êtes assis,
   ayez pitié de nous.
Dieu le Fils, Rédemp-
   teur du monde, ayez
   pitié de nous.
Dieu le Saint-Esprit,
   ayez pitié de nous.
Trinité Sainte, qui êtes
   un seul Dieu, ayez
   pitié de nous.
Jésus, fils du Dieu vi-
   vant, ayez pitié, etc.
Jésus, splendeur du
   Père, ayez pitié, etc.
Jésus, pureté de la lu-
   mière éternelle,
   ayez pitié de nous.

Jesu, Rex gloriæ, mis.	Jésus, Roi de gloire, ayez pitié de nous.
Jesu, Sol justiciæ, mis.	Jésus, Soleil de Justice, ayez pitié de nous.
Jesu, Fili Mariæ Virginis, mis.	Jésus, Fils de la Vierge Marie, ayez, etc.
Jesu amabilis, mis.	Jésus aimable, ayez pitié de nous.
Jesu admirabilis, mis.	Jésus admirable, ayez pitié de nous.
Jesu, Deus fortis, mis.	Jésus, Dieu fort, ayez pitié de nous.
Jesu, Pater futuri sæculi, mis.	Jésus, Père des siècles à venir, ayez, etc.
Jesu, magni consilii Angele, mis.	Jésus, Ange du grand conseil, ayez, etc.
Jesu potentissime, mis.	Jésus très-puissant, ayez pitié de nous.
Jesu patientissime, mis.	Jésus très-patient, ayez pitié de nous.
Jesu obedientissime, mis.	Jésus très-obéissant, ayez pitié de nous.
Jesu mitis et humilis corde, mis.	Jésus doux et humble de cœur, ayez pitié de nous.
Jesu, amator castitatis, mis.	Jésus, amateur de la chasteté, ayez pitié de nous.
Jesu, amator noster, mis.	Jésus qui nous honorez de votre amour, ayez pitié de nous.
Jesu, Deus pacis, mis.	Jésus, Dieu de paix, ayez pitié de nous.
Jesu, autor vitæ, mis.	Jésus, auteur de la vie, ayez pitié de nous.
Jesu, exemplar virtutum, mis.	Jésus, l'exemplaire des vertus, ayez pitié de nous,

Jesu, zelator animarum, mis. — Jésus, zélateur des ames, ayez pitié de nous.

Jesu, Deus noster, mis. — Jésus, notre Dieu, ayez pitié de nous.

Jesu, refugium nostrum, mis. — Jésus, notre réfuge, ayez pitié de nous.

Jesu, Pater pauperum, mis. — Jésus, Père des pauvres, ayez pitié de nous.

Jesu, thesaurus fidelium, mis. — Jésus, trésor des Fidelles, ayez pitié de nous.

Jesu, bone Pastor, mis. — Jésus, bon Pasteur, ayez pitié de nous.

Jesu, lux vera, mis. — Jesus, vraie lumière, ayez pitié de nous.

Jesu, sapientia æterna, mis. — Jésus, sagesse éternelle, ayez pitié de nous.

Jesu, bonitas infinita, mis. — Jésus, bonté infinie, ayez pitié de nous.

Jesu, via et vita nostra, mis. — Jesus, notre voie et notre vie, ayez pitié de nous.

Jesu, gaudium angelorum, mis. — Jésus, la joie des Anges, ayez pitié de nous.

Jesu, Rex Patriarcharum, mis. — Jésus, le Roi des Patriarches, ayez pitié de nous.

Jesu, Magister Apostolorum, mis. — Jésus, le Maître des Apôtres, ayez pitié de nous.

Jesu, Doctor Evangelistarum, mis. — Jésus, le Docteur des Evangélistes, ayez pitié de nous.

Jesu, fortitudo Martyrum, mis. — Jésus, la force des Martyrs, ayez pitié de nous.

Jesu , lumen Confesso- rum, mis.	Jésus , la lumière des Confesseurs , ayez pitié de nous.
Jesu , puritas Virgi- num , mis.	Jésus , la pureté des Vierges , ayez pitié de nous.
Jesu , corona Sancto- rum omnium , mis.	Jésus, la couronne de tous les Saints ; ayez pitié de nous.
Propitius esto, parce nobis, Jesu.	Soyez - nous débon- naire , Jésus , pardonnez-nous.
Propitius esto , exaudi nos, Jesu.	Soyez - nous propice , Jesus , exaucez nos prières.
Ab omni peccato, libera nos, Jesu.	De tout péché , délivrez-nous, Jesus.
Ab irâ tuâ , lib.	De votre colère, délivrez-nous , Jésus.
Ab insidiis diaboli , lib.	Des embûches du Dia- ble, délivrez-nous, Jésus,
A spiritu fornicationis, lib.	De l'esprit de fornica- tion , délivrez-nous, Jésus.
A morte perpetuâ , lib.	De la mort éternelle , délivrez-nous, Jésus.
A neglectu inspiratio- num tuarum , lib.	Du mépris de vos di- vines inspirations , délivrez-nous, Jésus.
Per mysterium sanctæ incarnationis tuæ , lib.	Par le mystère de votre sainte incarnation, délivrez-nous, Jésus.
Per nativitatem tuam , lib.	Par votre nativité , délivrez-nous, Jésus.
Per infantiam tuam, lib.	Par votre enfance , délivrez-nous , Jésus.

Per divinissimam vitam tuam, *lib.*	Par votre vie toute divine, délivrez-nous, Jésus.
Per labores tuos, *lib.*	Par vos travaux, délivrez-nous, Jésus.
Per agoniam et passionem tuam, *lib.*	Par votre agonie et par votre passion, délivrez-nous, Jésus.
Per crucem et derelictionem tuam, *lib.*	Par votre croix et par votre abandonnement, délivrez, etc.
Per languores tuos, *lib.*	Par vos langueurs, délivrez-nous, Jésus.
Per mortem et sepulturam tuam, *lib.*	Par votre mort et par votre sépulture, délivrez-nous, Jésus.
Per resurrectionem tuam, *lib.*	Par votre résurrection, délivrez-nous, Jésus.
Per ascensionem tuam, *lib.*	Par votre ascension, délivrez-nous, Jésus.
Per gaudia tua, *lib.*	Par vos joies, délivrez nous, Jésus.
Per gloriam tuam, *lib.*	Par votre gloire, délivrez-nous, Jésus.
Agnus Dei, qui tollis peccata mundi, Parce nobis, Jesu.	Agneau de Dieu, qui effacez les péchés du monde, pardonnez-nous, Jésus.
Agnus Dei, qui tollis peccata mundi, Exaudi nos, Jesu.	Agneau de Dieu, qui effacez les péchés du monde, exaucez-nous, Jésus.
Agnus Dei qui tollis peccata mundi, Miserere nobis, Jesu.	Agneau de Dieu qui effacez les péchés du monde, faites-nous miséricorde, Jésus.
Jesu, audi nos.	Jésus, écoutez-nous.
Jesu, exaudi nos.	Jésus, exaucez-nous.

Oremus.

DOMINE Jesu Christe, qui dixisti : Petite, et accipietis ; quærite, et invenietis ; pulsate, et aperietur vobis ; quæsumus, da nobis petentibus , divinissimi tui amoris affectum , ut te, toto corde, ore et opere diligamus, et à tuâ nunquam laude cessemus : Qui vivis et regnas in sæcula sæculorum. R. Amen.

Prions.

SEIGNEUR J. C. qui avez dit : Demandez, et vous recevrez ; cherchez, et vous trouverez ; frappez, et il vous sera ouvert, nous vous supplions d'allumer en nous le feu de votre amour, afin que nous vous servions de tout notre cœur , et que jamais nous ne cessions de vous louer : vous qui vivez et régnez dans les siècles des siècles. Ainsi soit-il.

Prière pour l'Angelus.

ANGELUS Domini nuntiavit Mariæ , et concepit de Spiritu Sancto. Ave , etc.

Ecce ancilla Domini, fiat mihi secundùm verbum tuum. Ave, etc.

Et verbum caro factum est, et habitavit in nobis. Ave, Maria, etc.

L'ANGE du Seigneur a annoncé à Marie , et elle a conçu du Saint-Esprit. Je vous salue , Marie, etc.

Voici la servante du Seigneur ; qu'il me soit fait selon votré parole. Je vous salue , Marie , etc.

Et le Verbe s'est fait chair, et il a demeuré parmi nous. Je vous salue, Marie, etc.

Oremus.	*Prions.*
GRATIAM tuam, quæsumus, Domine, mentibus nostris infunde, ut qui, Angelo nuntiante, Christi Filii tui incarnationem cognovimus, per passionem ejus et crucem ad resurrectionis gloriam perducamur. Per eumdem Christum Dominum nostrum. R. Amen.	SEIGNEUR, nous vous supplions de répandre votre grâce dans nos ames ; afin qu'ayant connu par le ministère de l'Ange l'incarnation de votre Fils, nous soyons conduits par sa croix et par sa mort à la gloire de sa résurrection : nous vous en prions par le même Jésus-Christ. Ainsi soit-il.

CONDUITE

POUR BIEN ENTENDRE LA SAINTE MESSE.

Réponses de la Messe.

Le Prêtre. INTROIBO ad altare Dei.

Le Clerc. Ad Deum qui lætificat juventutem tuam.

Pr. Judica me, Deus, et discerne causam meam de gent enon sanctâ : ab homine iniquo et doloso erue me.

Cl. Quia tu es, Deus, fortitudo mea : quare me repulisti, et quare tristis incedo, dum affligit me inimicus.

Pr. Emitte lucem tuam et veritatem tuam : ipsa me deduxerunt et adduxerunt in montem sanctum tuum, et in tabernacula tua.

Cl. Et introibo ad Altare Dei, ad Deum qui lætificat juventutem meam.

Pr. Confitebor tibi in citharâ, Deus, Deus meus : quare tristis es, anima mea, et quare conturbas me ?

Cl. Spera in Deo, quoniam adhuc confitebor illi: salutare vultûs mei, et Deus meus.

Pr. Gloria Patri, et Filio, et Spiritui Sancto.

Cl. Sicut erat in principio, et nunc, et semper, et in sæcula sæculorum. Amen.

Pr. Introibo ad Altare Dei.

Cl. Ad Deum qui lætificat juventutem meam.

Pr. Adjutorium nostrum, in nomine Domini.

Cl. Qui fecit cœlum et terram.

Pr. Confiteor Deo, omnipotenti, etc.

Cl. Misereatur tui omnipotens Deus, et dimissis peccatis tuis, perducat te ad vitam æternam.

Pr. Amen.

Cl. Confiteor Deo omnipotenti, Beatæ Mariæ semper Virgini, Beato Michaëli Archangelo, Beato Joanni Baptistæ, Sanctis Apostolis Petro et Paulo, omnibus Sanctis, et tibi, Pater, quia peccavi nimis cogitatione, verbo et opere ; meâ culpâ, meâ culpâ, meâ maximâ culpâ. Ideò precor Beatam Mariam semper Virginem, Beatum Michaëlem Archangelum, Beatum Joannem Baptistam, Sanctos Apostolos Petrum et Paulum, omnes Sanctos, et te, Pater, orare pro me ad Dominum Deum nostrum.

Pr. Misereatur vestrî, etc.

Cl. Amen.

Pr. Indulgentiam, etc.

Cl. Amen.

Pr. Deus, tu conversus vivificabis nos.

Cl. Et plebs tua lætabitur in te.

Pr. Ostende nobis, Domine, misericordiam tuam.

Cl. Et salutare tuum da nobis.

Pr. Domine, exaudi orationem tuam.

Cl. Et clamor meus ad te veniat.

Pr. Dominus vobiscum.

Cl. Et cum spiritu tuo.

Pr. Kyrie, eleison.

Cl. Kyrie, eleison.

Pr. Kyrie, eleison.

Cl. Christe, eleison.

Pr. Christe, eleison.

Cl. Christe, eleison.

Pr. Kyrie, eleison.

Cl. Kyrie, eleison.

Pr. Kyrie, eleison.

Pr. Dominus vobiscum.

Cl. Et cum spiritu tuo.

Pr. Sequentia Sancti Evangelii, etc.

Cl. Gloria tibi, Domine.

Cl. Laus tibi, Christe.

Pr. Orate, fratres, etc.

Cl. Suscipiat Dominus Sacrificium de manibus tuis, ad laudem et gloriam nominis sui, ad utilitatem quoque nostram, totiusque Ecclesiæ suæ sanctæ.

Pr. Per omnia sæcula sæculorum.

Cl. Amen.

Pr. Dominus vobiscum.

Cl. Et cum spiritu tuo.

Pr. Sursum corda.

Cl. Habemus ad Dominum.

Pr. Gratias agamus Domino Deo nostro.

Cl. Dignum et justum est.

Pr. Per omnia sæcula sæculorum.

Cl. Amen.

Pr. Et ne nos inducas in tentationem.

Cl. Sed libera nos à malo.

Pr. Per omnia sæcula sæculorum.

Cl. Amen.

Pr. Pax Domini sit semper vobiscum.

Cl. Et cum spiritu tuo.

Pr. Ite, missa est.

Cl. Deo gratias.

Pr. Benedicamus Domino.

Cl. Deo gratias.

Pr. Requiescant in pace.

Cl. Amen.

Pr. Dominus vobiscum.

Cl. Et cum spiritu tuo.

Pr. Initium Sancti Evangelii, etc.

Cl. Gloria tibi, Domine.

Pr. In principio erat, etc.

Cl. Deo gratias.

Prière avant la sainte Messe.

Prosterné au pied de votre saint autel, je vous adore, ô mon Dieu. Je crois fermement, que la Messe à laquelle je vais assister, est le même sacrifice que celui de la Croix ; c'est-à-dire, le sacrifice du corps et du sang de Jésus-Christ, votre fils. Je vous l'offre, avec lui et avec toute son Eglise, pour rendre à votre divine Majesté, l'hommage souverain qui lui est dû ; pour vous remercier de tous vos bienfaits ; pour vous demander, avec un cœur contrit, la rémission de mes péchés ; enfin, pour obtenir de vous tous les secours qui me sont nécessaires pour le salut de mon ame et les besoins de mon corps. Faites, ô mon Dieu, que j'y assiste avec l'attention, le respect et la frayeur que demandent de si redoutables Mystères, et que

(16)

par les mérites de la Victime qui s'immole pour moi, immolé moi-même avec elle, je ne vive plus que pour vous, qui vivez et régnez dans tous les siècles des siècles. Ainsi soit-il.

Au commencement de la Messe.

Au nom du Père, du Fils et du Saint-Esprit. Ainsi soit-il.

JUGEZ-MOI, mon Dieu, et ne me traitez pas comme les impies et les méchans ; séparez moi du monde et de son iniquité ; détruisez en moi l'empire du Démon, afin qu'éclairé de la lumière de la vérité, et embrasé du feu de votre amour, je puisse paraître avec confiance au pied de vos autels, et assister avec fruit à ce redoutable Mystère.

Au Confiteor.

O MON DIEU ! vous voyez dans mon cœur les péchés dont je suis coupable ; je vous les confesse néanmoins : je m'humilie en votre présence ; j'avoue que je vous ai offensé, par ma faute, par ma propre faute, par ma très-grande faute : je vous en demande très-humblement pardon. Vierge Sainte, Anges du Ciel, mes bienheureux Patrons, Saints et Saintes, priez pour moi.

Seigneur tout puissant et tout miséricordieux, accordez-moi l'indulgence, l'absolution et la rémission de mes péchés. Ainsi soit-il,

Pendant que le Prêtre monte à l'autel.

EFFACEZ , Seigneur , mes iniquités , et purifiez mon ame du péché , afin que je sois digne de paraître devant le Saint des Saints.

A l'Introït.

FAITES moi connaître vos voies , Seigneur , et conduisez-moi dans les sentiers de vos commandemens.

Gloire au Père , au Fils et au Saint-Esprit. O mon Dieu ! vous êtes adorable dans vos mystères , et admirable dans vos Saints.

Au Kyrie eleison.

O DIEU créateur ! ayez pitié de moi.

O Dieu sauveur ! ayez pitié de moi.

O Dieu sanctificateur ! ayez pitié de moi.

Pendant le Gloria in excelsis.

O MON DIEU ! je vous rends la gloire qui n'est due qu'à vous. Donnez-moi la paix que le monde ne peut donner , et la bonne volonté sans laquelle je ne puis l'obtenir. Je vous loue, je vous bénis, je vous adore, je vous rends grâce ; je vous reconnais pour le seul Saint, le seul Seigneur , et le Souverain du ciel et de la terre. Ayez pitié de moi , ô Dieu, Père, Fils et Saint-Esprit. Ainsi soit-il.

Au Dominus vobiscum.

NE faisons tous qu'une seule ame et qu'un

seul corps, et que le Seigneur soit le lien qui nous unisse.

Pendant la Collecte.

RECEVEZ, Seigneur, les prières que l'Eglise vous présente pour moi et pour tous vos fidelles. Accordez-nous à tous le pardon de nos péchés, la victoire sur nos passions et nos mauvaises habitudes, une foi vive, et opérante par la charité; afin que, fidelles à vos commande-mens, et aux devoirs de notre état, nous puis-sions arriver à la vie éternelle. C'est ce que nous vous demandons, par l'intercession de la Sainte Vierge et des Saints, et par les mérites de Jésus-Christ, votre fils, qui vit et règne avec vous et le Saint-Esprit, dans tous les siècles des siècles. Ainsi soit-il.

Pendant l'Epître.

VOICI ce que le Seigneur nous dit, par l'or-gane de ses Prophêtes et de ses Apôtres : Dé-tournez vous du mal, et faites le bien. — Conduisez-vous d'une manière digne de Dieu, cherchant tous les moyens de lui plaire. — Les voluptueux, les ravisseurs du bien d'autrui, les intempérans ne posséderont point le royaume du Ciel : Evitez donc ces vices, et suivez en tout, la Justice, la Piété, la Foi, la Charité, la Patience, la Douceur. Travaillez à rempor-ter le Prix de la vie éternelle à laquelle vous êtes appelés.

Gravez ces préceptes dans mon cœur, ô mon Dieu ! et faites-moi la grâce de les accomplir avec fidélité.

Au Graduel.

NE permettez pas, Seigneur, que je languisse plus long-tems dans mes misères ; faites-moi monter à vous par les degrés des vertus chrétiennes : que je m'y élève sans cesse par la pratique exacte et continuelle de la Foi, de l'Espérance et de la Charité.

Au Munda cor meum.

VENEZ, Esprit Saint ; préparez mon ame à recevoir le Saint Evangile ; rendez-la une bonne terre , afin que la divine semence de votre parole y germe, qu'elle y croisse et qu'elle y fructifie.

Pendant l'Evangile.

C'EST vous-même qui daignez nous instruire, ô divin Maître ! parlez, et je vous écoute : Si vous voulez acquérir la vie éternelle , gardez les Commandemens ; aimez Dieu de tout votre cœur , de toute votre ame, de tout votre esprit et de toutes vos forces. — Aimez votre prochain comme vous-même ; agissez envers votre prochain comme vous voudriez qu'il agît envers vous, et prenez garde de ne faire jamais à un autre ce que vous seriez fâché qu'on vous fît ; ne jugez point, et vous ne serez point jugé ; pardonnez et on vous pardonnera ; aimez vos ennemis, faites du bien à ceux qui vous haïssent, et priez pour ceux qui vous persécutent. — Si quelqu'un veut venir à moi, qu'il renonce à lui-même , qu'il porte sa croix et qu'il me suive. — Cherchez d'abord le royaume du Ciel, et sa justice , et tout le reste vous sera donné comme pas surcroît. Faites, Seigneur, que j'aime ces vérités fondamentales de votre Religion sainte, et que j'en fasse désormais la régle de ma conduite.

Pendant le Credo.

JE crois en un seul Dieu, le Père tout puissant, qui a fait de rien le ciel et la terre. — Je crois en Jesus-Christ, fils unique de Dieu, qui a souffert et qui est mort pour nous; qui est ressuscité, qui est monté au Ciel, qui est assis à la droite du Père, qui viendra un jour, plein de gloire, pour juger les vivans et les morts, et dont le règne n'aura point de fin. — Je crois au Saint Esprit, qui est aussi Dieu, qui donne la vie, qui a parlé par les Prophêtes. — Je crois l'Eglise qui est une, sainte, catholique et apostolique. J'attends la résurrection des morts et la vie éternelle. — Je crois, Seigneur, toutes les vérités que vous avez révélées, et que l'Eglise m'enseigne; faites que ma foi soit vive, et animée par les bonnes œuvres.

Pendant l'Offertoire.

RECEVEZ, ô Dieu saint, puissant et éternel! cette Hostie pure : nous vous l'offrons pour la rémission de nos péchés, pour tous les besoins des Fidelles qui sont ici présens, pour ceux de tous nos frères vivans et morts : accordez-nous à tous la vie éternelle.

Pendant que le Prétre met l'eau et le vin dans le calice.

O DIEU! qui nous avez créés, par un effet

admirable de votre puissance, et qui, par un effet plus admirable encore de votre bonté, nous avez relevés après notre chûte, faites que, par le mystère que ce mélange d'eau et de vin nous représente, nous participions à la divinité de Jésus-Christ, votre fils, comme il a bien voulu participer à notre humanité. Ainsi soit il.

Offrande du Calice.

Nous vous offrons, Seigneur, ce calice de salut : puisse-t-il monter, comme un parfum d'une agréable odeur, jusqu'au trône de votre Majesté, pour notre sanctification, et pour celle du monde entier.

Venez, Sanctificateur tout puissant, Dieu éternel, et bénissez ce sacrifice préparé pour la gloire de votre Saint Nom.

Pendant le Lavabo.

Lavez-moi de plus en plus de mes iniquités, ô mon Dieu, purifiez-moi des moindres souillures ; donnez-moi l'innocence et la sainteté que demande de moi l'Agneau sans tache qui va être immolé sur l'autel, et que l'offrande que je vous fais puisse vous être agréable.

A l'Orate, fratres.

Oui, Seigneur, avec le secours de votre grâce, je serai très-attentif aux Saints Mystères que vous allez opérer. Recevez, ô mon Dieu, ce sacrifice pour l'honneur et la gloire de votre Saint Nom, pour notre utilité particulière, et pour le bien de toute votre Église.

Pendant l'Oraison secrète.

JE vous supplie, seigneur, d'agréer les dons de votre Eglise, et de me mettre, par votre grâce, en état de vous être offert. Je me joins, autant qu'il est possible, aux demandes du Prêtre ; faites, ô mon Dieu, que j'obtienne de votre infinie bonté toutes les grâces qui me sont nécessaires.

A la Préface.

SEIGNEUR, éloignez de mon esprit toute pensée des choses créées, remplissez mon cœur de votre amour, élevez mon esprit et mon cœur vers vous, afin que je puisse me joindre aux Esprits Bienheureux, pour dire dans le lieu de mon exil ce qu'ils chantent et chanteront éternellement dans le séjour de la gloire :

Saint, Saint, Saint est le Dieu tout-puissant. O grand Dieu ! le ciel et la terre sont remplis de votre gloire ; soyez à jamais glorifié dans le ciel : soyez béni, Seigneur Jésus, qui venez au nom de votre père, soyez à jamais glorifié dans le ciel !

Au commencement du Canon.

RECEVEZ, ô Dieu des Miséricordes, ce sacrifice de Jésus-Christ, votre fils, pour votre Sainte Eglise Catholique, afin qu'il vous plaise de lui donner la paix, de la conserver, de la réunir, de la gouverner par toute la terre. Nous vous prions pour notre Saint Père le Pape, pour notre Archevêque, pour notre

Curé, pour ceux qui nous gouvernent, et pour tous les Fidelles.

Au Memento des Vivans.

Donnez-moi, Seigneur, et à tous ceux qui sont ici présens, une foi vive et une vraie piété ; souvenez-vous de mes parens, de mes supérieurs, de mes bienfaiteurs, de mes amis, et en particulier de N. ; faites qu'ils aient part aux mérites de ce divin Sacrifice, et comblez-les de vos bénédictions dans le tems et dans l'éternité.

Au Communicantes.

Je m'unis aux Saints qui jouissent de votre présence dans le Ciel, et particulièrement à la glorieuse Vierge Marie, mère de Jésus-Christ, votre fils ; à vos bienheureux Apôtres et Martyrs, et à tous les Saints ; écoutez leurs prières, ô mon Dieu, et accordez-moi, en tout tems et en tout lieu, le secours de votre grâce, par Notre Seigneur Jésus-Christ. Ainsi soit-il.

Avant la Consécration.

Par les mérites de la Victime, ô mon Dieu, qui va être immolée, faites-nous jouir de votre paix pendant cette vie ; préservez-nous de la damnation éternelle, et mettez-nous au nombre de vos Elus.

O Dieu ! bénissez et agréez cette offrande du pain et du vin ; changez-les au corps et au sang de votre fils bien aimé, Jésus-Christ, Notre Seigneur : faites que je participe avec fruit à cette adorable Victime.

A l'Elévation de la Sainte Hostie. -

Oui, mon Seigneur et mon Dieu, je vous crois réellement présent sur cet autel, et je vous y adore : affermissez ma foi, augmentez ma confiance, embrasez-moi d'amour.

A l'Elévation du Calice.

O sang précieux, qui avez été répandu pour la rémission des péchés, coulez sur moi, purifiez-moi, sanctifiez-moi.

Après l'une et l'autre Elévation.

Recevez, Seigneur, en mémoire de la Passion, de la Résurrection et de l'Ascension de Jésus-Christ, cette Hostie pure, sainte, sans tache ; soyez-moi propice, à la vue de cette Victime immolée sur l'autel ; faites que par elle je sois rempli de toutes les grâces et de toutes les bénédictions du Ciel, par le même Jésus-Chrit, Notre Seigneur. Ainsi soit-il.

Au Memento des Morts.

Souvenez-vous, Seigneur, des ames qui souffrent dans le Purgatoire, de celles de mes parens, de mes amis, de mes bienfaiteurs, *et en particulier de N.* ; achevez de leur faire miséricorde, et admettez-les dans le lieu du rafraîchissement, de la lumière et de la paix, par Jésus - Christ, Notre Seigneur. Ainsi soit-il.

Au Nobis quoque peccatoribus.

JETEZ aussi les yeux sur moi , qui suis votre serviteur ; je mets ma confiance dans vos misé- ricordes. Faites-moi la grâce d'entrer, à l'heure de ma mort , en société avec vos Saints Apôtres et Martyrs, et avec tous les Bienheureux, non en considération de mes mérite , mais par ceux de Jésus Christ, Notre Seigneur : ce n'est que par lui, avec lui et en lui, que vous pouvez re- cevoir tout l'honneur et toute la gloire qui vous sont dûs, ô Dieu , Père tout-puissant, dans l'unité du Saint-Esprit , dans tous les siècles des siècles. Ainsi soit-il.

Le Pater.

AVEC quelle confiance ne dois je pas vous adresser cette prière , Seigneur , puisque c'est vous-même qui avez daigné nous l'enseigner : Notre Père qui êtes au Ciel , que votre Nom soit sanctifié ; que votre règne arrive ; que votre volonté soit faite sur la terre comme dans le Ciel ; donnez-nous aujourd'hui notre pain quotidien ; pardonnez-nous nos offenses , comme nous pardonnons à ceux qui nous ont offensés ; ne nous induisez pas en tentation , mais délivrez-nous du mal. Ainsi soit-il.

Après le Pater.

DÉLIVREZ-NOUS, Seigneur, de tous les maux passés, présens et à venir ; et par l'intercession de la bienheureuse Marie , Mère de Dieu, et de vos Saints Apôtres , accordez nous la paix ; faites que nous vivions sans péché, et que rien ne nous détourne de votre service, par Notre Seigneur Jésus-Christ. Ainsi soit-il.

A l'Agnus Dei, et pendant les Prières que le Prêtre fait pour se préparer à la Communion.

AGNEAU de Dieu, qui portez et qui effacez les péchés du monde, ayez pitié de nous. Donnez-nous la paix que le monde ne peut donner: la paix avec vous, par une véritable réconciliation; la paix avec nous-mêmes, par le calme de nos passions; la paix avec notre prochain, par une charité sincère. Faites que nous nous attachions inviolablement à vos commandemens, et ne permettez pas que nous nous séparions jamais de vous, qui vivez et régnez, avec le Père et le Saint-Esprit, dans tous les siècles des siècles. Ainsi-soit-il.

Au Domine non sum dignus, et pendant la Communion du Prêtre.

NON, Seigneur, je ne suis pas digne de m'approcher de vous : malheur à moi, si j'osais entrer dans la salle du festin, n'ayant point la robe nuptiale. Je le reconnais à ma confusion, tout doit me tenir éloigné de votre banquet divin : mon ignorance, ma légéreté, mes faiblesses ; mais, Seigneur, quand serai-je digne de vous ? Hélas! jamais, si vous m'abandonnez à moi-même : hâtez-vous donc de me secourir; oui, je ne suis que misère ; mais vous êtes tout-puissant: d'une seule parole vous pouvez opérer en moi les plus grands prodiges. Ah!

je vous en conjure , dites-la, cette parole ;
qu'elle éclaire mon esprit , qu'elle fixe ma volonté. qu'elle purifie mon cœur , et qu'au plutôt je sois digne du bonheur auquel j'aspire.

Communion spirituelle.

Qu'il me serait doux , ô mon aimable Sauveur , de me joindre à ces heureux fidelles à
qui la pureté de conscience et une tendre
piété permettent d'approcher de votre Table
sainte !

Quel avantage pour moi, si je pouvais en ce
moment, vous posséder dans mon cœur, vous
y rendre mes hommages , vous y exposer
mes besoins, et participer aux grâces que
vous faites à ceux qui vous reçoivent sa-
cramentalement ; mais, puisque j'en suis indigne , suppléez, ô mon Dieu, aux dispositions qui me manquent ; pardonnez-moi tous
mes péchés ; je les deteste de tout mon cœur,
parce qu'ils vous déplaisent ; et recevez le désir sincère que j'ai de m'unir à vous.

En attendant cet heureux jour, souffrez du
moins que je vous reço ve d'esprit et de cœur,
que je m'unisse à vous par les liens de la Foi,
de l'Espérance et de la Charité : oui , je crois
en vous, j'espère en vous, et je veux vous
aimer de tout mon cœur. O divin Jésus! venez
en moi par votre grâce ; que je sois tellement
animé de votre esprit, que ce ne soit plus moi
qui vive , mais que ce soit vous seul qui viviez
en moi.

Aux dernières Oraisons.

Divin Rédempteur, il est bien juste que je
vous rende sacrifice pour sacrifice : vous venez

de vous immoler pour mon salut ; je veux m'immoler pour votre gloire : je renonce pour toujours à ma propre volonté ; je fuirai avec horreur le péché, l'apparence même du péché, et je suis résolu de tout perdre, de tout souffrir plutôt que de vous offenser.

J'accepte avec résignation, avec joie même, toutes les croix qu'il vous plaira de m'envoyer. Je veux, ô mon Dieu, ne rien négliger pour expier mes fautes par la pénitence, et ne vivre désormais que pour vous prouver ma reconnaissance et mon amour.

Pendant la Bénédiction du Prêtre.

BÉNISSEZ, ô mon Dieu, ces saintes résolutions, et que votre bénédiction demeure éternellement sur nous : Au nom du Père, du Fils, et du Saint-Esprit. Ainsi soit-il.

Pendant le dernier Evangile.

VERBE fait chair, je vous adore avec le respect le plus profond ; je mets toute ma confiance en vous, espérant fermement que, puisque vous êtes Dieu, et un Dieu qui s'est fait homme pour sauver les hommes, vous m'accorderez toutes les grâces qui me sont nécessaires pour opérer le grand ouvrage de mon salut, pour vous servir fidèlement sur la terre, et vous posséder éternellement dans le ciel. Ainsi soit-il.

Après la Messe.

SEIGNEUR, je vous remercie de la grâce que vous m'avez faite, en me permettant aujour-

d'hui d'assister au Sacrifice de la sainte Messe,
préférablement à tant d'autres qui n'ont pas eu
le même bonheur. Je vous demande pardon de
ma dissipation et de ma langueur en votre divine présence. Que ce sacrifice, ô mon Dieu,
me purifie pour le passé, et me fortifie pour
l'avenir: je me souviendrai, toute cette journée,
de la grâce que vous venez de me faire, et je
tâcherai de ne laisser échapper aucune parole,
aucune action, de ne former aucun désir ni
aucune pensée qui me fassent perdre le fruit
de la Messe que je viens d'entendre : c'est ce
que je me propose, avec le secours de votre
sainte grâce. Ainsi soit il.

EXERCICES DU SOIR.

PRIÈRES AVANT LES EXERCICES.

Venez, Esprit Saint ; remplissez les cœurs
de vos Fidelles, et allumez-y le feu sacré de
votre amour.

℣. Envoyez votre esprit et tout sera créé.

℟. Et vous renouvellerez la face de la terre.

Prions.

O Dieu, qui avez instruit les cœurs de vos

Fidelles par la lumière du Saint-Esprit, donnez-nous cet Esprit Saint, qui nous fasse goûter et aimer le bien, et qui répande toujours en
nous sa consolation. C'est ce que nous vous demandons par Jésus-Christ, Notre Seigneur.
Ainsi soit-il.

Ave, Maria, etc.

Prière à Notre Seigneur Jésus-Christ.

DIVIN JÉSUS, qui avez aimé les enfans, et
qui avez pris plaisir à leur parler, parlez à
notre cœur, dans les instructions que vos Ministres vont nous faire. Et à qui irions-nous, ô
notre Sauveur? Vous avez les paroles de la
vie éternelle. Souvenez-vous, Seigneur Jésus,
de vos anciennes bontés envers les enfans. Accordez-nous, ô notre bon Maître, l'intelligence
de votre sainte doctrine, apprenez-nous à porter dès nos jeunes années le joug aimable de
votre loi, enseignez-nous à être doux et
humbles de cœur comme vous. Conservez, augmentez, fortifiez la grâce que vous avez répan-
due dans nos ames, afin qu'ayant soutenu jusqu'à la fin, par une vie toute chrétienne,
l'honneur et les engagemens de notre baptême, nous obtenions de vous, et par vous,
l'héritage des enfans dans la gloire, où vous régnez avec le Père et le Saint-Esprit. Ainsi
soit-il.

Prière à la très-sainte Vierge.

O MARIE! ma tendre Mère et ma puissante

protectrice, je vais avoir le bonheur d'entendre parler de votre cher Fils. Ses aimables qualités, sa divine morale et ses commandemens vont être retracés à ma mémoire : obtenez-moi la grâce qu'ils soient gravés dans mon cœur, comme vous conserviez dans le vôtre toutes les paroles qui avaient quelque rapport à sa divine Personne. Ainsi soit-il.

PRIÈRES APRÈS LES EXERCICES.

O DIVIN JÉSUS, qui avez daigné vous faire enfant pour nous ; ô vous, qui avez toujours témoigné tant de tendresse et de bonté pour les enfans, qui les voyiez avec complaisance s'approcher de vous, qui daigniez même les bénir et les embrasser, et qui avez dit qu'il fallait leur ressembler pour entrer dans le royaume des Cieux, jetez un regard favorable sur nous ; faites que nous ayons toujours la douceur et la candeur de l'enfance, sans en avoir la légéreté, et qu'en imitant votre sainte enfance, nous croissions de jour en jour, à votre exemple, en science et en sagesse devant Dieu et devant les hommes, afin de régner un jour avec vous dans le Ciel. Ainsi soit-il.

SUB tuum præsidium confugimus, sancta Dei genitrix : nostras deprecationes ne despicias in necessitatibus, sed à periculis cunctis libera nos semper, Virgo gloriosa et benedicta, Amen.

VÊPRES.

DEUS, in adjutorium meum intende : Domine, ad adjuvandum me festina.

Gloria Patri, et Filio, et Spiritui sancto. Sicut erat in principio, et nunc, et semper, et in sæcula sæculorum. Amen.

Alleluia.

Pseaume 109.

DIXIT Dominus Domino meo : sede a dextris meis.

Donec ponam inimicos tuos : scabellum pedum tuorum.

Virgam virtutis tuæ emittet Dominus ex Sion : dominare in medio inimicorum tuorum.

Tecum principium in die virtutis tuæ, in splendoribus sanctorum : ex utero ante luciferum genui te.

Juravit Dominus, et non pœnitebit eum : tu es sacerdos in æternum secundum ordinem Melchisedech.

Dominus à dextris tuis : confregit in die iræ suæ Reges.

Judicabit in nationibus, implebit ruinas : conquassabit capita, in terrá multorum.

De torrente in viâ bibet : proptereà exaltabit caput.

Gloria Patri, etc.

Pseaume 112.

LAUDATE, pueri, Dominum : laudate nomen Domini.

Sit nomen Domini benedictum : ex hoc nunc et usque in sæculum.

A solis ortu usque ad

occasum : laudabile no men Domini.

Excelsus super omnes gentes Dominus : et su per cœlos gloria ejus.

Quis sicut Dominus Deus noster, qui in altis habitat : et humilia respicit in cœlo et in terra ?

Suscitans à terra inopem : et de stercore erigens pauperem.

Ut collocet eum cum principibus : cum principibus populi sui.

Qui habitare facit sterilem in domo : matrem filiorum lætantem.

Gloria Patri, etc.

Pseaume 116.

LAUDATE Dominum, omnes gentes : laudate eum omnes populi.

Quoniam confirmata est super nos misericordia ejus : et veritas Domini manet in æternum.

Gloria Patri, etc.

POUR TOUS LES DIMANCHES DE L'ANNÉE.

Capitule.

BENEDICTUS Deus, et Pater, Domini nostri Jesu Christi, qui benedixit nos in omni benedictione spirituali, in cœlestibus in Christo, sicut elegit nos in ipso ante mundi constitutionem , ut essemus sancti et immaculati in conspectu ejus in caritate. — Deo gratias.

Hymne.

SIT laus Patri, laus Filio,
Par sit tibi laus, Spiritus,
Afflante quo, mentes sacris
Lucent et ardent ignibus.

Amen.

℣. In Deo laudabimur totâ die.

℞. Et in nomine tuo confitebimur in sæculum.

Cantique de la Sainte Vierge.

MAGNIFICAT : anima mea Dominum.

Et exultavit spiritus meus : in Deo salutari meo.

Quia respexit humilitatem ancillæ suæ : ecce enim ex hoc beatam me dicent omnes generationes.

Quia fecit mihi magna qui potens est : et sanctum nomen ejus.

Et misericordia ejus à progenie in progenies timentibus eum.

Fecit potentiam in brachio suo : dispersit superbos mente cordis sui.

Deposuit potentes de sede : et exaltavit humiles.

Esurientes implevit bonis : et divites dimisit inanes.

Suscepit Israël puerum suum : recordatus misericordiæ suæ.

Sicut locutus est ad patres nostros : Abraham et semini ejus in sæcula.

Gloria Patri, etc.

Oremus.

DEUS, refugium nostrum et virtus, adesto piis Ecclesiæ tuæ precibus, autor ipse pietatis, et præsta ut quod fideliter petimus, efficaciter consequamur, Per Dominum nostrum, etc. Amen.

POUR LES FÊTES DE LA SAINTE VIERGE.

Capitule.

IN me, ancillâ suâ, ad implevit Dominus misericordiam suam quam promisit Domui Israël. — Deo gratias.

Hymne.

MONSTRA te esse matrem ;
Sumat per te preces
Qui pro nobis natus
Tulit esse tuus.

Amen.

℣. Ora pro nobis, sancta Dei genitrix ;

℞. Ut digni efficiamur promissionibus Christi.

Oremus.

CONCEDE, misericors Deus, fragilitati nostræ præsidium, ut, qui sanctæ Dei genitricis memoriam agimus intercessionis ejus auxilio, à nostris iniquitatibus resurgamus; per eumdem Dominum..... Amen.

POUR LA RETRAITE

Et le jour de la première Comunion.

Capitule.

ECCE sto ad ostium, et pulso : si quis audierit

vocem meam, et aperuerit mihi januam, intrabo ad illum , et cœnabo cum illo , et ipse mecum.

Deo gratias.

Hymne.

Pange , lingua , gloriosi
Corporis mysterium ,
Sanguinisque pretiosi ,
Quem , in mundi pretium ,
Fructus ventris generosi ,
Rex effudit gentium.

Nobis datus , nobis natus
Ex intactâ Virgine ,
Et in mundo conversatus ,
Sparso verbi semine ,
Sui moras incolatûs
Miro clausit ordine.

In supremæ nocte cœnæ
Recumbens cum fratribus ,
Observatâ lege plenè ,
Cibis in legalibus ,
Cibum turbæ duodecæ
Se dat suis manibus.

Verbum caro, panem verum ,
Verbo carnem efficit ,
Fitque sanguis Christi merum ;
Et si sensus deficit ,
Ad firmandum cor sincerum ,
Sola fides sufficit.

Tantum ergo Sacramentum
Veneremur cernui ;
Et antiquum documentum
Novo cedat ritui :
Præstet fides supplementum
Sensuum defectui.

Genitori, genitoque,
Laus et jubilatio :
Salus , honor , virtus quoque ,
Sit et benedictio :
Procedenti ab utroque
Compar sit laudatio.

Amen.

℣. Panem de cœlo præstitisti eis.

℟. Omne delectamentum in se habentem.

Oremus.

Deus, qui nobis, sub sacramento mirabili, Passionis tuæ memoriam reliquisti : tribue, quæsumus, ita nos corporis et sanguinis tui sacra mysteria venerari ; ut redemptionis tuæ fructum in nobis jugiter sentiamus, qui vivis et regnas, etc.   Amen.

POUR LA RETRAITE.

Et le jour de la Confirmation.

Capitule.

Secundum suam misericordiam salvos nos fecit Deus per lavacrum regenerationis et renovationis Spiritûs Sancti quem effudit in nos abundè, per Jesum Christum Salvatorem nostrum ; ut justificati gratiâ ipsius, heredes simus secundum spem vitæ æternæ.

Deo gratias.

Hymne.

Veni, Creator Spiritus,
Mentes tuorum visita,
Imple supernâ gratiâ
Quæ tu creasti pectora.

Qui Paracletus diceris,
Donum Dei altissimi,
Fons vivus, ignis, caritas,
Et spiritalis unctio.

Tu septiformis munere,
Dextræ Dei tu digitus ;
Tu ritè promissum Patris,
Sermone ditans guttura.

Accende lumen sensibus,
Infunde amorem cordibus ;
In firma nostri corporis

4

Virtute firmans per-
  peti.

Hostem repellas lon-
  giùs,
Pacemque dones proti-
  nùs,
Ductore sic te prævio
Vitemus omne noxium.

Per te sciamus da Pa-
  trem,
Noscamus atque Fi-
  lium;

Te utriusque Spiritum,
Credamus omni tem-
  pore.

Si laus patri, laus
  Filio,
Par sit tibi laus Spiri-
  tus,
Afflante quo, mentes
  sacris,
Lucent et ardent igni-
  bus. — Amen.

℣. Emitte spiritum tuum et creabuntur;

℟. Et renovabis faciem terræ.

Oremus.

Deus, qui (hodiernâ die) corda fidelium Sancti Spiritûs illustratione docuisti, da nobis in eodem spiritu recta sapere et de ejus semper consolatione gaudere ; per.... ejusdem. Amen.

Litanies de la SAINTE VIERGE.

Kyrie, eleison.

Christe, eleison.

Kyrie, eleison.

Christe, audi nos.

Christe, exaudi nos.

Seigneur, ayez pitié de nous.

Christ, ayez pitié de nous.

Seigneur, ayez pitié de nous.

Christ, écoutez-nous.

Christ, exaucez-nous.

Pater de cœlis, Deus , miserere nobis.

Dieu le Père, des Cieux où vous êtes assis, ayez pitié de nous.

Fili, Redemptor mundi, Deus ,
    miserere nobis.

Dieu le Fils , Rédempteur du monde, ayez pitié de nous.

Spiritus Sancte , Deus , miserere nobis.

Dieu, le Saint-Esprit , ayez pitié de nous.

Sancta Trinitas , unus Deus , miserere nobis.

Sainte Trinité, qui êtes un seul Dieu, ayez pitié de nous.

Sancta Maria , ora pro nobis.

Sainte Marie , priez pour nous.

Sancta Dei Genitrix ,
    ora.

Sainte Mère de Dieu ,
    priez.

Sancta Virgo virginum,
    ora.

Sainte Vierge des Vierges ,
    priez.

Mater Christi,   ora.

Mère du Christ, priez.

Mater divinæ gratiæ ,
    ora.

Mère de l'auteur de la grâce,   priez.

Mater purissima,   ora.

Mère très-pure, priez.

Mater castissima , ora pro nobis.

Mère très - chaste , priez pour nous.

Mater inviolata ,
    ora.

Mère toujours vierge,
    priez.

Mater intemerata ,
    ora.

Mère sans tache ,
    priez.

Mater amabilis,   ora.

Mère aimable , priez.

Mater admirabilis,
    ora.

Mère admirable ,
    priez.

Mater Creatoris ,
    ora.

Mère du Créateur ,
    priez.

Mater Salvatoris, ora.	Mère du Sauveur, priez.
Virgo prudentissima, ora.	Vierge très-prudente, priez.
Virgo veneranda, ora.	Vierge vénérable, priez.
Virgo prædicanda, ora.	Vierge digne de louanges, priez.
Virgo potens, ora.	Vierge puissante, priez.
Virgo clemens, ora.	Vierge pleine de bonté, priez.
Virgo fidelis, ora.	Vierge fidelle, priez.
Speculum justitiæ, ora.	Miroir de justice, priez.
Sedes sapientiæ, ora.	Temple de sagesse, priez.
Causa nostræ lætitæ, ora.	Cause de notre joie, priez.
Vas spirituale, ora pro nobis.	Vaisseau spirituel, priez pour nous.
Vas honorabile, ora.	Vaisseau honorable, priez.
Vas insigne devotionis, ora.	Modèle de piété, priez.
Rosa mystica, ora.	Rose mystique, priez.
Turris Davidica, ora.	Gloire de la maison de David, priez.
Turris eburnea, ora.	Modèle de pureté, priez.

Domus aurea, ora.	Sanctuaire de charité, priez.
Fœderis arca, ora.	Arche d'Alliance, priez.
Janua cœli, ora.	Porte du Ciel, priez.
Stella matutina, ora.	Étoile du matin, priez.
Salus infirmorum, ora.	Santé des infirmes, priez.
Refugium peccatorum, ora.	Refuge des pécheurs, priez.
Consolatrix afflictorum, ora.	Consolatrice des affligés, priez.
Auxilium Christianorum, ora.	Secours des Chrétiens, priez.
Regina Angelorum, ora.	Reine des Anges, priez.
Regina Patriarcharum, ora.	Reine des Patriarches, priez.
Regina Prophetarum, ora pro nobis.	Reine des Prophétes, priez pour nous.
Regina Apostolorum, ora.	Reine des Apôtres, priez.
Regina Martyrum, ora.	Reine des Martyrs, priez.
Regina Confessorum, ora.	Reine des Confesseurs, priez.
Regina Virginum, ora.	Reine des Vierges, priez.
Regina Sanctorum omnium, ora.	Reine de tous les Saints, priez.

Agnus Dei, qui tollis peccata mundi, Parce nobis, Domine.	Agneau de Dieu, qui effacez les péchés du monde, pardonnez-nous, Seigneur.
Agnus Dei, qui tollis peccata mundi, Exaudi nos, Domine.	Agneau de Dieu, qui effacez les péchés du monde, exaucez-nous, Seigneur.
Agnus Dei, qui tollis peccata mundi, Miserere nobis.	Agneau de Dieu, qui effacez les péchés du monde, ayez pitié de nous, Seigneur.
Christe, audi nos.	Christ, écoutez-nous.
Christe, exaudi nos.	Christ, exaucez-nous.
℣. Ora pro nobis, sancta Dei genitrix.	℟. Sainte Mère de Dieu, priez pour nous.
℣. Ut digni efficiamur promissionibus Christi.	℟. Afin que nous soyons rendus dignes des promesses de Jésus-Christ.

Oremus.

FAMULORUM tuorum, quæsumus Domine, delictis ignosce, ut qui tibi placere de actibus nostris non valemus, genitricis Filii tui Domini nostri intercessione, salvemur. Per eumdem, etc.

SECONDE PARTIE.

CANTIQUES.

POUR DIFFÉRENTES OCCASIONS.

Pour offrir la journée au Seigneur.

Air connu.

O DIEU, dont je tiens l'être,
Toi qui règles mon sort,
Seul arbitre, seul maître
De mes jours, de ma mort!
Je t'offre les prémices
Du jour qui luit sur moi,
Et veux, sous tes auspices,
Ne les donner qu'à toi.

Daigne, d'un œil propice,
En voir tous les instans ;
Que ta main en bannisse
Tous les dangers pressans:
Sur-tout, Dieu de clémence,
Qu'avec ton saint secours,
Nul crime, nulle offense,
N'ose en ternir le cours.

Que ta bonté facile,
Qui voit tous mes besoins,
Rende, à tes yeux, utile,
Mon travail et mes soins ;
Et que, suivant la trace
Que nous ouvrent les Saints,
Nos jours soient, par ta grâce,
Des jours purs et sereins.

Fils d'un père coupable,
Né dans l'iniquité,
Des maux le poids m'accable,
Et j'en sens l'équité :
Au travail quand vous-même,
Grand Dieu ! me condamnez,
Je m'y soumets, je l'aime,
Puisque vous l'ordonnez.

Si, par plus d'une offense,
J'ai pu vous irriter,
Par cette pénitence
Puissé-je m'acquitter !
Que jamais le murmure,
Les plaintes, les ennuis,
Des peines que j'endure
Ne m'enlèvent les fruits.

Lorsqu'en votre présence,
De vous plaire jaloux,
Au travail, en silence,
Je me livre pour vous :
Dieu bienfaisant, j'espère
Qu'un éternel repos
Sera l'heureux salaire
De mes faibles travaux.

Paraphrase du PATER.

Air: *Prenez pitié d'un petit malheureux.*

Vous, dont le trône est au plus haut des cieux,
Vous, à la fois, notre Dieu, notre Père,
Sur vos enfans, daignez jeter les yeux;
Prêtez l'oreille à leur humble prière   (*bis.*)

Que votre Nom, digne de tout honneur,
Mais trop souvent en bute à nos outrages,
Soit à jamais gravé dans notre cœur,
Soit honoré par d'éternels hommages.   (*bis.*)

Vous êtes seul notre souverain bien;
C'est après vous que mon ame soupire:
Dans cet exil, la grâce est mon soutien;
Mais quand viendra votre céleste empire? (*bis.*)

Faites régner sur toute volonté,
De votre loi la volonté suprême;
Et qu'à jamais, par sa fidélité,
La terre soit l'image du Ciel même.   (*bis.*)

Objets chéris de vos soins vigilans,
Seigneur, en vous, nous ne voyons qu'un Père:
Dans leurs besoins, connaissez vos enfans;
Un peu de pain suffit à leur misère.   (*bis.*)

Que la clémence à vos yeux a de prix!
Elle ravit l'immortelle couronne:
C'en est donc fait, il n'est plus d'ennemis;
Nous pardonnons... et notre Dieu pardonne. (*bis.*)

Sur cette mer où vous guidez nos pas,
Mille dangers nous assaillent sans cesse;
Je périrai, mon Dieu, si votre bras,
A tout instant, ne soutient ma faiblesse. (*bis.*)

De tous côtés environnés de maux,
Votre cœur seul est un abri fidelle :
Ah ! puissions-nous y goûter le repos !
Y posséder une paix éternelle.   (bis.)

Prière à la Sainte Vierge.

A l'imitation du SALVE , REGINA.

Air : *Reviens, pêcheur.*

JE vous salue, auguste et sainte Reine,
Dont la beauté ravit les immortels !
Mère de grâce , aimable Souveraine ,
Je me prosterne au pied de vos autels.

Je vous salue, ô d'vine Marie !
Vous méritez l'hommage de nos cœurs :
Après Jésus, vous êtes, et la vie ,
Et le refuge, et l'espoir des pécheurs.

Fils malheureux d'une coupable mère,
Bannis du Ciel, les yeux baignés de pleurs ;
Nous vous faisons, de ce lieu de misére,
Par nos soupirs entendre nos douleurs.

Ecoutez-nous, puissante protectrice ;
Tournez sur nous vos yeux compatissans,
Et montrez-nous, qu'à nos malheurs propice,
Du haut des Cieux vous aimez vos enfans.

O douce, ô tendre, ô pieuse Marie !
Vous , dont Jésus, mon Dieu, reçut le jour ;
Faites qu'après l'exil de cette vie ,
Nous le voyions dans l'éternel séjour.

Autre prière à la Sainte Vierge.

Air connu.

JE mets ma confiance,
Vierge, en votre secours :
Servez-moi de défense,
Prenez soin de mes jours,
Et quand ma dernière heure
Viendra fixer mon sort,
Obtenez que je meure
De la plus sainte mort.

Prière au Saint Ange Gardien.

Air connu.

ANGE de Dieu !
Ministre de sa providence ;
Ange de Dieu !
Qui daignez me suivre en tout lieu,
A l'ombre de votre présence,
Garantissez mon innocence,
Ange de Dieu !

Dans cet exil,
Soyez sensible à ma misère,
Dans cet exil,
Sauvez mes jours de tout péril.
Soyez ma force et ma lumière,
Mon maître, mon ami, mon père,
Dans cet exil.

Prière au Saint Patron.

Air connu.

O TOI, qui, dès ma tendre enfance,
Daignas être mon protecteur,
Grand Saint, fais que ton innocence
A jamais règne dans mon cœur.
Fais, qu'au Seigneur toujours fidelle,
A l'ombre de ton divin Nom,
Je te prenne autant pour modelle,
Que j'aime à t'avoir pour patron.

A Sainte Geneviève, Patrone de Paris.

Air : J'entends la trompette, etc.

SUR le tombeau d'une bergère
Implorons le divin Pasteur.
Que ce dépôt sacré, qu'en ce temple on revère, (*
Fixe à jamais sur nous les regards du Seigneur.

Dans ces lieux qu'arrose la Seine,
Tu conduis d'innocens troupeaux ;
Dès l'enfance tu suis l'Esprit Saint qui t'entraîne,
Geneviève, et tu fais l'honneur de nos hameaux.

Germain t'aperçoit et s'arrête ;
Il te mène aux pieds des autels.
Geneviève, pour toi, quel triomphe s'apprête!
Il t'unit à ton Dieu par des liens immortels.

---

*) L'Eglise paroissiale de Saint-Etienne-du-
Mont.

Reçois ton épouse nouvelle ,
Agneau sans tache , auguste Epoux ;
Son cœur avec transport t'offre un amour fidelle,
T'aimer toute sa vie est son soin le plus doux.

Paris, superbe métropole,
Quel bouclier pour tes remparts !
Elle chasse Attila d'une seule parole ;
L'Enfer et l'ennemi redoutent ses regards.

Tombez, impuissantes idoles,
Fermez-vous, Temples orgueilleux ;
Qu'au véritable Dieu cèdent des Dieux frivoles,
Que la Vérité seule éclaire tous les yeux.

Dieu puissant, Clovis vous implore ;
A ses yeux tout est révélé ;
Il brûle ses faux Dieux et tout ce qu'il adore ;
Il adore avec Foi tout ce qu'il a brûlé.

Au pauvre elle servit de mère ,
D'asile à tous les malheureux :
Son Zèle ardent, sa Foi, le Jeûne et la Prière ,
En font notre modèle et l'objet de nos vœux.

Quoi ! l'imposture la plus noire
Ose attaquer tant de vertus.
Geneviève, ce coup manquait à votre gloire ;
Vous triomphez enfin, les méchans sont vaincus.

De votre illustre Protectrice ,
Enfans, célébrez les bienfaits.
Pour chanter ses vertus, que la France s'unisse ;
Sa gloire , ni son nom ne périront jamais.

Elle délivra sa patrie
Au tems d'un horrible fléau ,
Lorsqu'un feu dévorant , affreuse maladie ,
Allait , de tout Paris , faire un vaste tombeau.

Souvent au plus fort des tempêtes
Succède un tems calme et serein ;
Ainsi tous les malheurs qui menacent nos têtes,
Geneviève , à ta voix , se dissipent soudain.

Quel monstre a versé sur la France....
Ciel ? Mais non , tout est réparé.
Le Successeur de PIERRE a pris notre défense, (*
Sur ta tombe il pria pour un peuple égaré.

Avant la sainte Messe.

Air nouveau.

Autour de nos sacrés autels ,
Osons tous prendre place ,
Là , Jésus a pour les mortels
Le trône de sa grâce ;
Allons à ce Dieu de bonté ,
Notre unique espérance,
Remplis de foi , d'humilité ,
D'amour , de confiance.

Pour nous ouvrir un libre accès
Vers un si tendre père,
Faisons - lui , de tous nos excès,
L'aveu le plus sincère.

---

*) N. S. P. le Pape Pie VII , le 10 Janvier,
1805.

Que la plus vive des douleurs
  Nous gagne sa clémence,
Et que l'amour mêle ses pleurs
  A notre pénitence.

Exaucez - nous, divin Sauveur,
  Adorable victime ;
Et détruisez dans notre cœur
  Jusqu'à l'ombre du crime.
O bienheureux, ô chœurs des Saints,
  Et vous, reine des Anges,
Offrez - lui, pour tous les humains,
  L'encens de vos louanges.

Autre, avant la sainte Messe.

Air connu.

REGARDEZ d'un œil propice,
  O Dieu de majesté,
Les saints apprêts du sacrifice
  Qui vous est présenté.
Qu'à vous seul en soit l'honneur ;
Qu'il nous comble de bonheur ;
Qu'il vous rende un digne hommage ;
  Qu'il lave nos forfaits,
Et nous devienne un tendre gage
  De vos nouveaux bienfaits.

A nos vœux daignez vous rendre ,
  O fils de l'Eternel ,
Du haut des Cieux, venez descendre ,
  Pour nous, sur cet autel.
Nous ne sommes rien de nous ,
Mais nous sommes tout par vous ;
Pour nous épargner l'abîme,

Vous daignâtes mourir ;
Daignez vous faire encore victime,
Et pour nous, vous offrir.

Jésus vient ; que tout fléchisse,
Devant lui, les genoux.
Que ce saint temple retentisse
De nos chants les plus doux :
Elevons vers lui nos cœurs ;
Ouvrons-les à ses faveurs.
Il descend ; l'amour le presse :
Par un juste retour,
Offrons nous-mêmes à sa tendresse,
Un cœur rempli d'amour.

Avant la sainte Messe.

Pour un jour de Communion.

Air connu.

Vous m'ordonnez, grand Dieu, d'aller à vous,
Et vous voulez être ma nourriture :
Mon cœur soupire après un bien si doux ;
Je ne crains plus, votre amour me rassure.

Vous recevoir, ô Dieu de Majesté,
Vous que cent fois j'outrageai dans ma vie,
J'en suis indigne, ô Dieu de sainteté !
Dites un mot, et mon ame est guérie.

Que vous charmez ! que vous êtes puissant,
O Dieu, caché sous cet obscur nuage !
Sans vous y voir, je vous y crois présent :
Moins vous brillez, plus je vous rends hommage.

En ce moment, Jésus vient dans mon cœur :
Je le possède, ô bonheur inéfable !
L'esclave heureux y reçoit son Seigneur ;
Il s'en nourrit, il lui devient semblable !

Que vous rendrai je, ô Dieu, pour tant d'amour ?
Vous donnez tout, en vous donnant vous-même :
Je cherche en vain, je me vois sans retour ;
Mais vous savez, Seigneur, que je vous aime.

Divin Jésus, que voulez vous de moi ?
Je suis soumis en tout à votre empire :
Mon cœur est prêt d'accomplir votre loi,
Et désormais, pour vous seul, il soupire.

Autre avant la Sainte Messe.

Pour un jour de Communion.

Air connu.

Mon bien-aimé ne paraît pas encore :
Trop longue nuit, dureras-tu toujours ?
　　Nuit que j'abhorre ; hâte ton cours ;
Rends-moi Jésus, ma joie et mes amours :
Pour être heureux, je n'attends que l'aurore.

De ton flambeau déjà les étincelles,
Astre du jour, raniment mes désirs :
　　Tu renouvelles tous mes soupirs.
Servez mes vœux, avancez mes plaisirs,
Anges du Ciel, portez-moi sur vos ailes.

Je t'aperçois, asile redoutable,
Où l'Éternel descend de sa grandeur,
　　Temple adorable du Rédempteur ;
Si dans tes murs il voie sa splendeur,
Ce Dieu d'amour n'en est que plus aimable.

5..

Sans nul éclat le vrai Dieu va paraître ;
De cet autel il vient s'unir à moi.
    Est-ce mon maître, est-ce mon Roi ?
Laissez, mes yeux, laissez agir ma foi :
Un œil chrétien ne peut le méconnaître.

Du Roi des Rois, je suis le tabernacle :
Oui, de mon ame, un Dieu devient l'époux.
    Charmant spectacle, espoir trop doux !
Rendez, grand Dieu, mon cœur digne de vous :
Votre amour seul peut faire ce miracle.

Je m'attendris sans trouble et sans alarmes ;
Amour divin, je ressens vos langueurs,
    Heureuses larmes ! aimables pleurs !
Oh ! que mon cœur y trouve de douceurs !
Tous vos plaisirs, mondains, ont-ils ces charmes ?

Tristes penchans, malheureux fruits du crime,
C'est vous qu'il veut que j'immole à son choix :
    Ce Dieu m'anime, suivons ses lois.
Parlez, Seigneur, j'écoute votre voix ;
Mon cœur est prêt, nommez-lui la victime.

Ce pain des forts soutiendra mon courage.
Venez, Démons, de mon bonheur jaloux ;
    Que votre rage vous arme tous :
Je ne crains point vos plus terribles coups ;
De ma victoire un Dieu devient le gage.

Il me remplit d'une douce espérance,
Qui me suivra plus loin que le trépas,
    Si sa puissance soutient mon bras.
C'est peu pour lui d'animer mes combats,
Il veut encore être ma récompense.

Pour un pécheur, que sa tendresse est grande !
Qu'elle mérite un généreux retour !
    Dieu ! quelle offrande pour tant d'amour !
Prenez mon cœur, je vous l'offre en ce jour :
Ce cœur suffit, c'est tout ce qu'il demande.

A l'Elévation de la sainte Hostie.

Air connu.

Sur cet Autel,
Ah ! que vois-je paraître ?
Jésus, mon Roi, mon divin Maître !
    Sur cet Autel.
    Sainte victime,
Vous expiez mon crime
    Sur cet Autel.

    De tout mon cœur,
Dans ce sacré Mystère,
Je vous adore et vous revère
    De tout mon cœur.
    Bonté suprême,
Que toujours je vous aime
    De tout mon cœur.

Autre pour l'Elévation.

Air : *Dieu des ames.*

O victime
De tout crime !
O Jésus, sauveur de tous !
    Qui sans cesse,
    Par tendresse,
Daignez être parmi nous.
    Qu'on vous aime

Pour vous-même :
Qu'à jamais tous les mortels,
Et s'empressent
Et s'abaissent
Autour de vos saints Autels.

Chœurs des Anges,
Nos louanges
Sont trop peu pour ses bienfaits:
Dans nos ames,
De vos flammes,
Allumez les plus doux traits.
Que sa gloire,
Sa mémoire,
Son amour, dans tous les tems,
D'un hommage
Sans partage,
Reçoive en tout lieu l'encens.

Autre pour l'Elévation.

Air nouveau.

ADORONS tous dans cette sainte Hostie
Un Dieu fait chair pour nous donner la vie;
Joignons nos voix aux chants des esprits bienheu-
reux,
Avec eux, offrons-lui nos respects et nos vœux.

Divin Jésus, notre unique espérance,
Contre l'Enfer prenez notre défense;
Désarmez sa fureur, calmez nos passions,
Et répandez sur nous vos bénédictions.

Autre pour l'Elévation.

Air connu.

JE vois sur cet Autel l'auteur de la nature :
Il brille dans le Ciel sur un trône de feu ;
Il est ici caché sous une forme obscure,
    Ah ! je vois, j'adore mon Dieu.

Dans les plus doux transports d'une sainte al-
                légresse,
Bénissons en ce jour, chantons le Roi des Rois ;
Pour louer à jamais sa divine tendresse,
    Unissons, élevons nos voix.

Pour enflammer nos cœurs, ô Dieu plein de
                clémence,
Parmi nous, tu descends du céleste séjour :
Nous sentons les effets de ta douce présence,
    Et pour toi nous brûlons d'amour.

Autre pour l'Elévation de la sainte Hostie,

Ou pour la Bénédiction du S. Sacrement.

Air connu.

O JÉSUS ! quel étonnant prodige !
O Jésus ! quel respect il exige !
    Sans cesser d'être au Ciel,
    Vous êtes sur l'Autel.
Oh ! tout dans ce mystère est incompréhensible.
Sa gloire y disparaît, l'amour seul est sensible.
    Divin Rédempteur,
Je m'abîme et me confonds devant vous.

O Jésus ! je crois en vous ,
O Jésus ! j'espère en vous ,
O Jésus ! je vous aime.

Après la Sainte Messe ,

Et après la Communion.

Air connu.

Qu'ils sont aimés, grand Dieu, tes tabernacles !
Qu'ils sont aimés et chéris de mon cœur !
Là tu te plais à rendre tes oracles ;
La Foi triomphe , et l'amour est vainqueur.

Qu'il est heureux, celui qui te contemple ,
Et qui soupire aux pieds de tes autels !
Un seul moment qu'on passe dans ton Temple,
Vaut mieux qu'un siècle aux palais des mortels.

Je nage au sein des plus pures délices ;
Le Ciel entier, le Ciel est dans mon cœur.
Dieu de bonté ! de faibles sacrifices
Méritaient-ils cet excès de bonheur ?

En les comblant , par un charme suprème ,
Un Dieu puissant irrite mes désirs :
Il me consume, et je sens que je l'aime ;
Et cependant , je m'exhale en soupirs.

Autour de moi, les Anges, en silence ,
D'un Dieu caché contemplent la splendeur.
Anéantis en sa sainte présence. . . . .
O Chérubins , enviez mon bonheur !

Et je pourrais, à ce monde qui passe,
Donner un cœur, par Dieu même habité !
Non, non, mon Dieu ; je puis tout, par ta grâce.
Dieu, sauve-moi de ma fragilité.

En Souverain, règne, commande, immole ;
Règne sur-tout par le droit de l'amour.
Adieu, plaisirs ; adieu, monde frivole :
A Jésus seul j'appartiens sans retour.

Autre sur le même sujet.

Air nouveau.

QUE ne puis-je, ô Roi de gloire,
Par de sublimes accens,
Eterniser la mémoire
De tes dons et de mes chants !
En tirant de mon génie
Des accords dignes de toi ;
Par ma divine harmonie,
Montrer qu'un Dieu règne en moi.

Quel plus étonnant miracle !
Dieu puissant, soutiens ma foi ;
Mon cœur est le tabernacle
D'un Dieu prodigue de soi :
Et l'auteur de la nature,
La félicité des Cieux,
Trouve dans sa créature
Un séjour délicieux.

Jésus, en qui tout espère,
L'objet de tant de soupirs,
Votre Fils, ô Vierge Mère,
Couronne donc mes désirs.

Seconde , auguste Marie ,
Mes transports reconnaissans ,
Et de mon ame attendrie
Daigne offrir les sentimens.

Je sens trop mon impuissance ,
O mon Seigneur! ô mon Roi!
Quand, de la reconnaissance ,
Je veux accomplir la loi.
Ah! dans mon désir extrême ,
Qu'offrir à ta majesté ?
Grand Dieu , je t'offre à toi-même
Mon amour s'est acquitté.

Dieu saint, frappe ta victime,
Mes désirs sont satisfaits ;
Je ne crains plus que le crime ,
Dont me sauveront tes traits.
De mon printems, de ma vie ,
Par la plus cruelle mort ,
Je verrais la fleur ravie ,
Que je bénirais mon sort.

Loin de moi , vaines idoles ,
Monde , lâche séducteur ,
De vos promesses frivoles
Portez le charme imposteur.
L'attrait d'un plaisir infame
Peut-il séduire mon cœur ?
Jésus règne dans mon ame :
Connaissez votre vainqueur.

Temple auguste , Cour céleste ,
Ministres des Saints Autels ,
Vous, Seigneur, je vous atteste ,
Voici mes vœux solennels :

J'abjure à jamais le monde ,
Ses vanités, ses désirs ;
J'abjure l'esprit immonde ,
La volupté , ses plaisirs.

Autre , sur le même sujet.

Air nouveau.

LE monde, en vain, par ses biens et ses charmes,
Veut m'engager à plier sous sa loi ;
Mais, pour me vaincre , il faut bien d'autres
armes:
Je ne crains rien, Jésus est avec moi.

Venez , venez , fiers enfans de la terre ;
Déchaînez-vous pour me remplir d'effroi.
Quand, de concert, vous me feriez la guerre ,
Je ne crains rien, Jésus est avec moi.

Cruel Satan , arme-toi de ta rage ;
Que tes Démons se liguent avec toi :
Tu ne pourras abattre mon courage ;
Je ne crains rien, Jésus est avec moi.

Non, non , jamais la mort la plus cruelle
Ne me fera trahir ce divin Roi ;
Jusqu'au trépas je lui serai fidelle :
Je ne crains rien, Jésus est avec moi.

Que les Enfers, les airs , la terre et l'onde,
Conspirent tous à me remplir d'effroi ;
Quand je verrais crouler sur moi le monde ,
Je ne crains rien, Jésus est avec moi.

Divin Jésus, mon unique espérance,
Vous pouvez tout ; oui, Seigneur, je le croi
Augmentez donc pour vous ma confiance.
Je ne crains rien, Jésus est avec moi.

Autre, pour le jour de la première Communion.

Air nouveau.

CHANTONS en ce jour,
Jésus et sa tendresse extrême ;
Chantons en ce jour,
Et ses bienfaits et son amour.
Il a daigné lui-même
Descendre dans nos cœurs :
De ce bonheur suprême
Célébrons les douceurs.

Chantons, etc.

O Dieu de grandeur !
Plein de respect je vous révère,
O Dieu de grandeur !
J'adore dans vous mon Seigneur.
Si ce profond mystère
Vient éprouver ma foi,
C'est l'amour qui m'éclaire,
Et vous découvre en moi.

O Dieu, etc.

Mon divin époux,
Mon ame à vous seul s'abandonne ;
Mon divin époux,
Mon ame n'a d'espoir qu'en vous.
Que l'Enfer gronde et tonne,
Qu'il s'arme de fureur ;

Il n'a rien qui m'étonne ,
Jésus est dans mon cœur.

Mon divin , etc.

Aimons le Seigneur ;
Ne cherchons jamais qu'à lui plaire ;
Aimons le Seigneur ,
Il fera seul notre bonheur.
Ami le plus sincère ,
Généreux bienfaiteur ,
Il est plus , il est père :
Donnons-lui notre cœur.

Aimons , etc.

Pour tous vos bienfaits ,
Que vous offrir , ô divin Maître ?
Pour tous vos bienfaits ,
Je me donne à vous pour jamais.
En moi je sentis naître
Les transports les plus doux ,
Quand je pus vous connaître
Et m'attacher à vous.

Pour tous , etc.

O Dieu tout puissant ,
Par ta divine providence ,
O Dieu tout-puissant ,
Conserve mon cœur innocent.
Dès la plus tendre enfance
Tu guidas tous mes pas ;
Soutiens mon innocence ,
Couronne mes combats.

O Dieu , etc.

Autre, pour le jour de la première Communion.

Air nouveau.

TOUS LES ENFANS ENSEMBLE.

CÉLÉBRONS ce grand jour par des chants d'allé-
gresse,
Nos vœux sont enfin satisfaits ;
Bénissons le Seigneur, publions sa tendresse,
Chantons, exaltons ses bienfaits.

Pour nous, tout pécheurs que nous sommes,
Il descend des Cieux en ce jour :
C'est parmi les enfans des hommes
Qu'il aime à fixer son séjour.

Chantons sous cette voûte antique
Le Dieu qui règne sur nos cœurs ;
Célébrons, par un saint Cantique,
Et notre amour et ses faveurs.

LES GARÇONS.

O Filles de Sion, que cette auguste enceinte
Retentisse de vos concerts ;
Ces lieux sont tout remplis de la Majesté sainte
Du Dieu puissant de l'Univers.

Bon père, à des enfans qu'il aime
(Cieux, admirez tant de bonté !),
Il donne en se donnant lui-même,
Le pain de l'immortalité.

Chantons, etc.

Les Filles.

Comme nous, en ce jour, nourri du pain des
Anges,
Bénissez-le, jeunes Chrétiens ;
Chantons-le tour à tour, répétons les louanges
Du Dieu qui nous comble de biens.

Bon Pasteur, aux meilleurs herbages
Il conduit ses jeunes agneaux ;
Il les mène aux plus frais ombrages,
Il les mène aux plus claires eaux.
Chantons, etc.

Les Garçons.

Ta parole est, Seigneur, plus douce à mon oreille
Que l'instrument le plus flatteur ;
Ta parole est pour moi, ce qu'à la jeune abeille
Est le suc de la tendre fleur.

Trois fois heureuse la famille
Fidelle aux lois que tu prescris ;
Où la mère en instruit sa fille,
Où le père en instruit son fils.
Chantons, etc.

Les Filles.

Loin des traits du chasseur, la colombe timide
Cherche le repos des déserts ;
J'ai cherché le repos dans le temple où réside
Le Dieu bienfaisant que je sers.

Sous les tentes des grands du monde,
Courez, peuple aveugle et pécheur :
Moi, j'ai choisi la paix profonde
Des tabernacles du Seigneur,
Chantons, etc.

E..

Les Garçons.

Dieu, que je crains ce monde, où les plaisirs,
les vices,
De toutes parts vont m'assiéger !
O toi, qui de mon cœur a reçu les prémices,
Veille sur lui dans le danger.

De tes saints préceptes, d'avance,
Munis-le comme d'un rempart ;
Entoure mon adolescence
De la sagesse du vieillard.

Chantons, etc.

Les Filles.

Loin de moi ces faux biens que les mondains
chérissent,
Et dont l'éclat est si trompeur !
Périssables humains, sur des biens qui périssent
Comment fonder notre bonheur ?

Il se dérobe à la poursuite,
Et dès qu'on l'avait cru saisir,
Le Tems l'emporte dans sa fuite,
Et nous laisse le repentir.

Chantons, etc.

Les Garçons.

La course des méchans, plus fugitive encore,
Les précipite vers leur fin ;
Je les vis redoutés, à ma première aurore,
Et je les cherche à mon matin.

Tel que dans les champs qu'il inonde,
S'engloutit un torrent fangeux,
Un moment ils troublent le monde,
Et leurs noms meurent avec eux.

Chantons, etc.

LES FILLES.

Bien plus heureux, Seigneur, qui marche à ta
lumière,
Sur ta loi réglant tous ses pas ;
Et qui, dans l'innocence, achevant sa carrière,
S'endort paisible entre tes bras.

Son nom, qui fleurit d'âge en âge,
D'un doux parfum répand l'odeur
De la Terre il reçoit l'hommage,
Du Ciel il goûte le bonheur.

Chantons, etc.

LES GARÇONS.

Je n'ai formé qu'un vœu, que mon Dieu l'ac-
complisse !
Puissé-je, au pied de ses autels,
Fidelle adorateur, passer à son service
Le reste de mes jours mortels.

Que sa demeure me soit chère,
Qu'elle plaise à mon cœur épris,
Comme la maison d'un bon père,
Au cœur sensible d'un bon fils.

Chantons, etc.

LES FILLES.

O toi, qu'avec frayeur le Chérubin contemple,
Et qui t'abaisses jusqu'à moi ;
Qui du cœur d'un enfant aujourd'hui fais ton
temple,
Quand les Cieux tremblent devant toi !

Ah ! puissé-je, avant qu'infidelle,
Je perde un si cher souvenir,

Mourir comme la fleur nouvelle ,
Cueillie avant de se flétrir.

Chantons , etc.

TOUS ENSEMBLE.

Oui, Seigneur, désormais rangés sous ton em-
pire ,
Nous y voulons vivre et mourir ;
Mais ce vœu , que l'amour aujourd'hui nous
inspire,
Pouvons-nous, sans toi, l'accomplir ?

C'est toi qui nous donnas la vie ,
Que ta grâce en régle le cours ;
Que ta loi , constamment suivie,
Console enfin nos derniers jours.

Chantons, etc.

Avant le Catéchisme.

Air nouveau.

Toi, dont la divine flamme
Triomphe de tous les cœurs,
Esprit Saint, viens dans mon ame ,
Viens lancer tes traits vainqueurs ;
Viens renouveler la Terre,
Hâte-toi , du haut des Cieux
Descends , souffle salutaire ,
Unique objet de mes vœux.

Feu sacré, présent céleste ,
Brille aux yeux de l'Univers ;
Dissipe la nuit funeste
Dont nous couvrent les Enfers.
Ah! sauve - nous du naufrage ,

(69)

Toi dont l'essence est l'amour ;
 Après un si long orage ,
 Fais luire enfin un beau jour.

Vœux que forment ensemble plusieurs
enfans , de connaître , aimer et servir
le Seigneur.

Voici , Dieu de clémence ,
Les vœux que nous formons :
Dès notre tendre enfance,
Ta loi nous recherchons ;
Fais-nous la donc connaître ;
Elle apprend à t'aimer ;
C'est l'art de te complaire ,
C'est l'art de t'honorer.

Ah ! daigne faire entendre
A tes jeunes enfans ,
De ta voix douce et tendre ,
Les accents si charmans :
Tu sais comme ils soupirent
Et la nuit et le jour.
Sans cesse ils te désirent ,
Contente leur amour.

Des Enfans qui se disposent à la première
Communion , implorent le secours du
Ciel.

A tes pieds, ta chère Jeunesse ,
Soupire après cet heureux jour ,

Le chef-d'œuvre de ta tendresse ,
Et le doux prix de leur amour.
Viens, accours, ô notre bon père ,
Bientôt tu sécheras nos pleurs :
Tu banniras notre misère ,
Tu peux , seul, contenter nos cœur.

Parens , secondez notre envie :
A notre Dieu portez nos vœux ;
Autour de nous , que tout publie ,
Qu'avec lui seul on est heureux.
Parlez aussi , peuple fidelle ,
Témoins de désirs innocens :
Applaudissez à notre zèle ,
Priez pour vos jeunes enfans.

Des Enfans qui aspirent après le jour de leur première Communion.

Air nouveau.

QUEL beau jour se dispose !
Qu'il promet de douceurs !   (*bis.*)
Ah ! dès ce moment , j'ose
Espérer le bonheur.   (*bis.*)
Déjà je vois le tendre gage
Des dons de mon Sauveur ;
Le banquet saint m'est un présage
De ma gloire et de mon bonheur :
Que tu seras cher à mon cœur ,
Divin agneau , tout mon partage.
　　Voici le beau jour,
　　Où , de son amour,
Dieu va , sur son enfant ,
Répandre ses largesses
　　Et le rendre content
　　Au sein des richesses.

O Jésus ! ô mon père !
Reçois mes vœux,
Reçois : ta loi seule me rend heureux ;
Reçois mes vœux,
Reçois, reçois ;
Ta loi seule (me rend heureux.   *bis.*)

Des Enfans qui ont l'espérance de faire
leur première Communion, se livrent
à la joie.

Air connu.

Qu'on est heureux, au printems de son âge ;
Jésus chérit et bénit les enfans ;
Jésus se plaît à leur simple langage ;
Jésus se plaît à leurs vœux innocens.

Nous l'éprouvons, il ne peut plus attendre
A couronner les vœux que nous formons ;
Oh ! le bon maître, oh ! l'ami le plus tendre !
Sous peu de jours nous le posséderons.

Nos chers parens, secondez l'alégresse
Qui se répand en tous nos jeunes cœurs ;
Ah ! bénissons de Jésus la tendresse,
Ah ! bénissons de Jésus les faveurs !

Après le Cathéchisme,

Sentimens de reconnaissance et d'amour.

Air : *Des simples jeux de son enfance.*

Seigneur, dès ma première enfance,
Tu me prévins de tes bienfaits :
Heureux, si ma reconnaissance,

Dans mon cœur, les grave à jamais !
Le monde trompeur et volage,
En vain m'offrirait sa faveur ;
Je n'en veux point, tout mon partage
Est de n'aimer que le Seigneur.

Dieu règne en père dans mon ame,
Il en remplit tous les désirs ;
Et l'amour pur dont il m'enflamme,
Vaut, seul, mieux que tous les plaisirs.

    Le monde, etc.

Si je m'égare, il me rappelle,
Si je tombe, il me tend la main ;
Il me protége sous son aile,
Il me renferme dans son sein.

    Le monde, etc.

Si je suis constant et fidelle
A conserver son saint amour,
Une récompense éternelle
M'attend dans son divin séjour.

    Le monde, etc.

Sur le même sujet.

Air connu.

Que je me plais dans ton enceinte,
Lieu sacré, fortuné séjour,
Où Dieu m'instruit de sa loi sainte,
Et grave en mon cœur son amour.
Ecole où Jésus, à l'enfance,
Révèle ses plus hauts secrets ;
Saint asile, où mon innocence
Brave le vice et ses attraits.

Ici je vois par quels miracles
Dieu, jadis, montra son pouvoir ;

Je médite ses saints oracles,
Ses préceptes et mon devoir ;
Ici , sous un joug salutaire,
L'Eglise enchaîne mon orgueil ,
Et d'une audace téméraire
M'apprend à fuir le triste écueil.

S'il faut que ma raison révère
Le nuage mystérieux
Qui me dérobe une lumière
Dont l'éclat blesserait mes yeux ,
La Foi, d'une main secourable,
Me prêtant ici son flambeau ,
Du Sanctuaire impénétrable
Soulève pour moi le rideau.

Si ma juste reconnaissance
Présente à mon Dieu , chaque jour,
L'hommage de ma dépendance
Et le tribut de mon amour ;
A mes parens si, plus docile ,
Sans murmurer, j'entends leurs voix ,
C'est à tes leçons , cher asile ,
A tes conseils que je le dois.

Monde , ne vante plus tes charmes;
Tu n'enflammes pas mes désirs.
Je sais quels dégoûts , quel es larmes
Payent tes coupables plaisirs.
Ce n'est qu'ici que mon enfance ,
Des vrais biens, goûte la douceur :
Les plaisirs purs de l'innocence,
Peuvent seuls donner le bonheur.

Les effets de l'Amour divin.

Air connu.

Divin amour, ô que, sous ton empire,
L'ame fidelle éprouve de douceurs !
Que sont les biens auxquels le monde aspire,
Auprès des biens dont tu remplis les cœurs ?

Par ton secours tout est doux et facile,
Et rien ne coûte à qui ressent tes feux ;
Tes vifs attraits rendent l'ame docile
Aux saints efforts, aux transports généreux.

J'aime avec toi mes malheurs et mes larmes ;
Et la mort même, asservie à ta loi,
Est, à mes yeux, un objet plein de charmes.
Divin amour ! à jamais règne en moi.

Bonheur d'un Enfant chrétien.

Air : Mes chers Enfans, unissez-vous.

Heureux ! bienheureux, mille fois,
Un enfant que le Seigneur aime,
Que le Seigneur daigne instruire lui-même,
Qui, de bonne heure, est docile à sa voix.
Il est orné dès sa naissance
Des plus rares présens des cieux,
Et du méchant l'abord contagieux
N'altère point son innocence.

Tel que dans un secret vallon
Croît, sur le bord d'une onde pure,
Un jeune lis, l'amour de la nature,
Loin des fureurs du cruel aquilon ;
Il est orné, etc.

Prière pour demander à Dieu sa Bénédiction pendant la nuit.

Air connu.

O Dieu, dont la providence
Fixe nos nuits et nos jours,
De la nuit que je commence,
Daigne rendre heureux le cours.

Que tes Anges tutélaires
Veillent sur tous mes momens,
Et que leurs soins salutaires
Gardent mon ame et mes sens.

O Dieu, etc.

Que jamais je ne sommeille
Que dans la paix du Seigneur,
Et que je ne me réveille
Que pour lui donner mon cœur.

O Dieu, etc.

Actes de Foi, d'Espérance et de Charité.

Air connu.

Oui, je le crois,
Ce que l'Eglise nous annonce,
Oui, je le crois,
Seigneur, et j'honore ses lois;
Toutes les fois qu'elle prononce,
Par elle l'Esprit Saint s'annonce;
Oui, je le crois.

J'espère en vous,
Dieu de bonté, Dieu de clémence,

J'espère en vous :
Tout autre espoir ne m'est point doux.
Vous seul comblez mon espérance,
Vous seul serez ma récompense ;
J'espère en vous.

O Dieu sauveur !
Vous êtes le seul bien suprême ;
O Dieu sauveur !
A vous seul je donne mon cœur,
Et pour l'amour de vous seul, j'aime
Mon prochain autant que moi-même,
O Dieu sauveur !

Prière pour les Ames du Purgatoire.

Air nouveau.

DU sein des sombres ténèbres,
Nous nous adressons à vous ;
Entendez nos cris funèbres,
Chrétiens, et secourez nous :
Notre misère est extrême ;
Dieu lui-même nous punit,
Et sa justice suprême,
Le glaive en main, nous poursuit.

Un feu brûlant nous dévore,
Nous consume ; et nous vivons
Pour voir redoubler encore
Les horreurs de nos prisons.
Pendant des milliers d'années,
Toujours pleurer et souffrir ;
Telles sont nos destinées ;
Vous pouvez les adoucir.

Par l'ardeur de vos demandes
Désarmez un Dieu jaloux ;
Par vos vœux et vos offrandes ,
Faites cesser son courroux.
Pour appaiser sa colère
Nos efforts sont superflus :
Vous pouvez encore faire
Ce que nous ne pouvons plus.

Nous poussons des cris stériles ,
Nos soupirs sont rejetés ,
Nos larmes sont inutiles ,
Vos vœux seront exaucés :
N'abandonnez pas des frères
Livrés à des feux vengeurs ;
Que l'excès de leurs misères
Rende sensibles vos cœurs.

Vous que le sang , la tendresse ,
Nous avaient unis jadis ,
Que votre ame s'intéresse
Pour de malheureux amis :
Portés par vos saints suffrages
Dans le céleste séjour ,
Nous saurons , dans tous les âges ,
Vous chérir à notre tour.

Du sein des sombres ténèbres ,
Nous nous adressons à vous ;
Entendez nos cris funèbres ,
Chrétiens, et secourez nous :
Notre misère est extrême ;
Dieu lui-même nous punit ,
Et sa justice suprême ,
Le glaive en main , nous poursuit.

7..

Ni la volupté,
Ni l'ivresse,
Malgré leur douceur,
Ne pourront plus rien sur mon cœur.

Non, jamais vain serment,
Blasphême, faux jurement,
Mensonge, ni ses détours,
Ne profaneront mes discours.
Les termes indécens,
Les parjures,
Les traits médisans,
Les injures,
Les mauvais souhaits
En seront bannis pour jamais.

Je veux garder la foi
Que j'ai promise à mon Roi,
Au bien porter mes amis,
Pardonner à mes ennemis.
Le vol, la lâcheté,
L'injustice,
De l'impiété
La malice,
Seront, à mes yeux,
Des objets toujours odieux.

O Dieu de sainteté !
Ma force et ma fermeté,
Sans l'ombre de ton secours,
Se démentiraient pour toujours.
Achève, Dieu puissant,
Ton ouvrage :
Soutiens constamment
Mon courage ;
Daigne, sans retour,
Me fixer dans ton saint amour.

Sur le même sujet.

Air nouveau.

C'EN est donc fait, adieu, plaisirs volages,
Qui n'avez pu jamais me rendre heureux :
Vous n'aurez plus mon cœur et mes hommages,
Vous n'aurez plus le tribut de mes vœux.

Je l'ai trouvé ce Dieu si plein de charmes,
Ce Dieu qui, seul, peut conduire au bonheur ;
Il tarira la source de mes larmes,
Il saura bien consoler ma douleur.

Que pouvais-tu me présenter d'aimable,
Près de l'unique et divine beauté ?
Que pouvais-tu, monde si méprisable,
Que pouvais-tu pour ma félicité ?

De toi, mon père, ô père le plus tendre,
De toi, Jésus, le plus doux des amis,
De toi, je veux maintenant tout attendre ;
Je sais, mon Dieu, ce que tu m'as promis.

Que tu me fis de flatteuses promesses,
Ami perfide, ô Monde séducteur !
Dans ce moment, je prise tes largesses :
Qu'as-tu donné ? tu corrompis mon cœur.

O mon Sauveur, cher objet de ma flamme !
Tu t'es montré mon aimable vainqueur ;
Des plus doux feux tu pénètres mon ame,
Tu viens à moi comme un libérateur,

Trois fois heureux celui qui sait te plaire !
Il goûte, alors, le plaisir le plus doux.

O quel bonheur d'aimer un si bon maître!
C'est notre Dieu, notre ami, notre époux.

Vive, Jésus, notre chère espérance,
Qu'il inspire d'aimables sentimens!
Dans son amour, soyons pleins d'assurance,
Brûlons, pour lui, des feux les plus ardens.

Dieu et le Pécheur.

Air nouveau.

DIEU.

Reviens, Pécheur, à ton Dieu qui t'appelle;
Viens, au plutôt, te ranger sous sa loi:
Tu n'as été déjà que trop rebelle;
Reviens à lui, puisqu'il revient à toi.

LE PÉCHEUR.

Voici, Seigneur, cette brebis errante,
Que vous daignez chercher depuis long-tems:
Touché, confus d'une si longue attente,
Sans plus tarder, je reviens, je me rends.

DIEU.

Pour t'attirer, ma voix se fait entendre;
Sans me lasser, par tout je te poursuis:
D'un Dieu, pour toi, du père le plus tendre,
J'ai les bontés, ingrat, et tu me fuis.

LE PÉCHEUR.

Errant, perdu, je cherchais un asile;
Je m'efforçais de vivre sans effroi:
Hélas! Seigneur, pouvais-je être tranquille,
Si loin de vous, et vous si loin de moi?

DIEU.

Attraits, frayeurs, remords, secret langage,
Qu'ai-je oublié dans mon amour constant?
Ai-je, pour toi, dû faire davantage?
Ai-je, pour toi, dû même en faire autant?

LE PÉCHEUR.

Je me repens de ma faute passée:
Contre le Ciel, contre vous j'ai péché;
Mais oubliez ma conduite insensée,
Et ne voyez, en moi, qu'un cœur touché.

DIEU.

Si je suis bon, faut-il que tu m'offenses?
Ton méchant cœur s'en prévaut chaque jour:
Plus de rigueur vaincrait tes résistances;
Tu m'aimerais, si j'avais moins d'amour.

LE PÉCHEUR.

Que je redoute un Juge, un Dieu sévère!
J'ai prodigué des biens qui sont sans prix;
Comment oser vous appeler mon père?
Comment oser me dire votre fils?

DIEU.

Marche au grand jour que t'offre ma lumière,
A sa faveur tu peux faire le bien;
La nuit bientôt finira ta carrière,
Funeste nuit où l'on ne peut plus rien.

LE PÉCHEUR.

Dieu de bonté, principe de tout être,
Unique objet digne de nous charmer,

Que j'ai long-tems vécu sans vous connaître!
Que j'ai long-tems vécu sans vous aimer!

DIEU.

Ta courte vie est un songe qui passe,
Et le jour de ta mort est incertain :
Si j'ai promis de te donner ta grâce,
T'ai-je jamais promis le lendemain ?

LE PÊCHEUR.

Votre bonté surpasse ma malice,
Pardonnez-moi ce long égarement ;
Je le déteste, il fait tout mon supplice,
Et pour vous seul j'en pleure amèrement.

DIEU.

Le Ciel doit-il te combler de délices
Dans le moment qui suivra ton trépas,
Ou bien l'Enfer t'accabler de supplices?
C'est l'un des deux, et tu n'y penses pas.

LE PÊCHEUR.

Je ne vois rien que mon cœur ne défie,
Malheurs, tourmens ou plaisirs les plus doux :
Non, fallut-il cent fois perdre la vie,
Rien ne pourra me séparer de vous.

Le retour du Pécheur.

Air connu.

J'AI péché dès mon enfance,
J'ai chassé Dieu de mon cœur ;
J'ai perdu mon innocence,
Quelle perte! ah! quel malheur!
   J'ai péché, etc.

Oh! qui mettra dans ma tête
Une fontaine de pleurs,
Sur la perte que j'ai faite,
Sur le plus grand des malheurs!

    Oh! qui mettra, etc.

Riche trésor de la grâce,
Te perdant, j'ai tout perdu :
Que faut-il donc que je fasse,
Pour que tu me sois rendu ?

    Riche trésor, etc.

Innocence inestimable,
Que je te connaissais peu,
Quand, d'un bien si désirable,
La perte m'était un jeu!

    Innocence inestimable, etc.

O que mon ame était belle,
Quand elle avait sa candeur!
Depuis qu'elle est criminelle,
O Dieu, quelle est sa laideur!

    O que mon ame, etc.

O Dieu, quel bonheur extrême,
Si j'étais mort au berceau;
Ou si, des Fonts du Baptême,
On m'eût conduit au tombeau!

    O Dieu, etc.

Malheur à vous, amis traîtres,
Mes plus cruels ennemis,
Qui fûtes mes premiers maîtres
Dans les maux que j'ai commis.

    Malheur à vous, etc.

Par votre libertinage,
Vos discours, vos actions,
Du péché, dès mon jeune âge,
Vous me fîtes des leçons.

    Par votre, etc.

O mon Dieu, dans mon baptême,
A vous je me consacrai ;
Et dès mon enfance même
Au Démon je me livrai.

    O mon Dieu, etc.

O promesses prononcées
A la face des Autels,
Et si souvent violées
Par mille péchés mortels !

    O promesses, etc.

Pardonnez à ce rebelle
Qui déplore son malheur,
Qui veut vous être fidelle,
Et vous redonner son cœur.

    Pardonnez, etc.

Le Pécheur converti.

Air connu.

Seigneur, Dieu de clémence,
Reçois ce grand pécheur,
A qui la pénitence
Touche aujourd'hui le cœur :
Vois d'un œil secourable
L'excès de son malheur,
Et d'un œil favorable
Accepte sa douleur.

Je suis un infidelle ,
Qui méconnus tes lois,
Un perfide , un rebelle,
Qui péchai mille fois :
Jamais, dans l'innocence,
Je n'ai coulé mes jours;
Toujours, plus d'une offense ,
En a terni le cours.

Chargé de mille crimes,
Souvent j'ai mérité
D'entrer dans les abîmes,
Pour une éternité.
J'ai peu craint la colère
De ton bras irrité :
Mais, cependant, j'espère,
Seigneur, en ta bonté.

Lorsqu'à ton indulgence
Un coupable a recours,
Des traits de ta vengeance
Ton cœur suspend le cours.
Rempli de confiance ,
J'ose venir à toi :
Au nom de ta clémence ,
Grand Dieu ! pardonne moi.

Hélas! quand je rappelle
Combien je fus pécheur,
Une douleur mortelle
S'empare de mon cœur.
Par quel malheur extrême,
Ai-je offensé souvent
Un Dieu , la bonté même;
Un Dieu si bienfaisant ?

Fuis loin , péché funeste,
Dont je fus trop charmé :
Péché , je te déteste
Autant que je t'aimai.
O Dieu bon , ô bon Père!
Tu vois mon repentir :
Avant de te déplaire,
Plutôt, plutôt mourir.

C'est fait , je le déteste ;
Plus de péché pour moi ;
Le Ciel, que j'en atteste ,
Garantira ma foi.
Le Dieu qui me pardonne ,
Aura tout mon amour ;
A lui seul je le donne ,
Sans bornes , sans retour.

Regrets d'un Ame pénitente.

Air nouveau.

COMMENT goûter quelque repos ?
Dans les tourmens d'un cœur coupable !
Loin de vous , ô Dieu tout aimable,
Tous les biens ne sont que des maux.
J'ai fui la maison de mon père,
A la voix d'un monde enchanté :
Il promet la félicité ,
Mais il n'enfante que misère.   (*bis.*)

Vois, me disait-il, vois le tems
Emporter ta belle jeunesse :
Tu cueilles l'épine qui blesse,
Au lieu des roses du printems.

Le perfide, pour ma ruine,
Cachait l'épine sous les fleurs;
Mais vous, ô Dieu plein de douceurs,
Vous cachez les fleurs sous l'épine. (*bis.*)

Créateur justement jaloux,
Ah! voyez ma douleur profonde :
Ce que j'ai souffert pour le monde ,
Si je l'avais souffert pour vous!
J'ai poursuivi dans les alarmes,
Le fantôme des vains plaisirs.
Ah! j'ai semé dans les soupirs ,
Et je moissonne dans les larmes.   (*bis.*)

Qui me rendra de la vertu
Les douces, les heureuses chaînes?
Mon cœur, sous le poids de ses peines,
Succombe et languit abattu.
J'espérais, ô triste folie!
Vivre tranquille et criminel ;
J'oubliais l'oracle éternel :
Il n'est point de paix pour l'impie.   (*bis.*)

De mon abîme, ô Dieu clément,
J'ose t'adresser ma prière ;
Cessas-tu donc d'être mon père ,
Si je fus un indigne enfant ?
Hélas! le lever de l'aurore,
Aux pleurs trouve mes yeux ouverts,
Et la nuit couvre l'univers,
Que mon ame gémit encore.   (*bis.*)

A peine a brillé ma raison,
Qu'à ton amour j'ai fait outrage :
J'ai dissipé ton héritage,
J'ai déshonoré ta maison ;

D'une ame humble et pénitente,
Epoux tendre et généreux,
Vous surpassez son attente,
Vous prévenez tous ses vœux.
    Mon cœur,   (*bis.*)
D'un Dieu, la bonté touchante,
A jamais, te rend heureux.

Retour d'un Jeune Homme à la vertu.

Air : *Comment goûter quelque repos.*

Hélas ! j'ai vécu sans t'aimer ;
Insensible à ta voix si tendre,
Toujours, je tardais à me rendre
Au Dieu qui, seul, dut me charmer :
Le voici, cet enfant rebelle,
A tes pieds, pleurant son erreur ;
Oublîras-tu qu'à son Sauveur,
Si long-tems, il fut infidelle ?   (*bis.*)

Ah ! laisse-moi seul m'en punir,
Je satisferai ta justice :
Mon cœur va m'offrir pour supplice,
De soupirer et de gémir.
Dieu ! quelle est ta bonté touchante :
Quoi ! dès l'instant de mon retour,
Déjà, je ressens ton amour.
Qu'heureuse est l'ame pénitente !   (*bis.*)

Désormais, soumis à ta loi,
Je vais vivre pour te complaire ;
Je n'ai plus qu'à bénir un père,
Dans mon Juge et souverain Roi.
Ah ! je célébrerai sans cesse
Les bienfaits du Dieu de Sion :
Pécheur, chéris un Dieu si bon ;
Ne méconnais plus sa tendresse.   (*bis.*)

Qu'il est doux de vivre en t'aimant !
Qu'il est doux de mourir de même !
Jésus, pour ta beauté suprême,
D'ardeur, que j'expire à l'instant !
Mais tu prolonges mon martyre,
Ah ! du moins, double mon amour,
Et que, jusqu'à mon dernier jour,
Pour toi sans cesse je soupire.

Sur la Pénitence.

Air connu.

Reçois, d'une ame pénitente,
Qui, par de longs et douloureux accents,
Pleure à tes pieds, Seigneur, tous ses égaremens,
Reçois l'aveu, dans ta bonté touchante.
Ah ! loin de toi, dans le malheur,
Elle a coulé sa triste vie.
  Dieu clément,   (*bis.*)
  Deviens son Sauveur, (*bis.*)
Et son infortune est finie ;
  Deviens son sauveur, (*bis.*)
De ses pleurs la source est tarie.

Tu l'as promis dans ton amour:
De mon Juge, il te fit mon Père ;
Oui, Jésus, voici l'heureux jour
Où tu finiras ma misère.
Ouvre ton sein consolateur,
Je ne suis plus l'enfant rebelle,
Je serai la brebis fidelle,
Entre les bras du bon Pasteur.

Vrais charmes de la pénitence,
Oh ! qu'il m'est doux dé répandre des pleurs.

Eh quoi ! tous tes bienfaits, tes grâces aux pécheurs !

Jusqu'où s'étend, ô mon Dieu, ta clémence !
Pourquoi fus-je un ingrat enfant ?
Jamais tu ne me fus sévère !
Je reviens: (*bis.*)
Mes gémissemens   (*bis.*)
Ont calmé, banni ta colère,
Et mes cris touchans,
Pour toujours, m'ont rendu mon père.

Renouvellement des Vœux du Baptême.

Air connu.

J'ENGAGEAI ma promesse au Baptême,
Mais, pour moi, d'autres firent serment:
Dans ce jour je vais parler moi-même,
Je m'engage aujourd'hui librement.

    Je m'engage, etc.

Je crois donc en un Dieu trois Personnes,
De mon sang je signerai ma foi:
Faible esprit, vainement tu raisonnes ;
Je m'engage à le croire, et je crois.

    Je m'engage, etc.

A la foi de ce premier Mystère
Je joindrai la foi d'un Dieu Sauveur ;
Sous les lois de l'Eglise, ma Mère,
Je m'engage et d'esprit et de cœur.

    Je m'engage, etc.

Sur les Fonts, dans cette eau salutaire,
Pour enfant, Dieu daigna m'adopter :

i j'en ai souillé le caractère,
m'engage à le mieux respecter.

    Je m'engage, etc.

e renonce aux pompes de ce monde,
A la chair, à tous ses vains attraits :
Loin de moi, Satan, esprit immonde,
Je m'engage à te fuir, pour jamais.

    Je m'engage, etc.

Faux plaisirs, source infame de vices,
Trop long-tems vous fûtes mon amour;
Je renonce à vos fausses délices,
Je m'engage à Dieu seul, sans retour.

    Je m'engage, etc.

Oui, mon Dieu, votre seul Evangile
Réglera mon esprit et mes mœurs :
Dussiez-vous en frémir, chair fragile,
Je m'engage à toutes ses rigueurs.

    Je m'engage, etc.

Ah! Seigneur, qui sait bien vous connaître,
Sent bientôt que votre joug est doux :
C'en est fait, je n'ai point d'autre maître ;
Je m'engage à ne servir que vous.

    Je m'engage, etc.

Sur vos pas, ô mon divin modèle,
Plus heureux qu'à la suite des Rois,
Plein d'horreur pour ce monde infidelle,
Je m'engage à porter votre Croix.

    Je m'engage, etc.

Si le Ciel, d'un moment de souffrance,
Doit, Seigneur, être le prix, un jour,

Animé par cette récompense,
Je m'engage à tout, pour votre amour.

    Je m'engage, etc.

C'est, mon Dieu , dans vous seul, que j'aspire
A fixer mes plaisirs et mes goûts.
Pour le Ciel, c'est peu que je soupire ;
Je m'engage à soupirer pour vous.

    Je m'engage, etc.

Puisqu'enfin, dans le Ciel, ma patrie,
De mes biens vous serez le plus doux,
Dès ce jour, et pour toute ma vie,
Je m'engage, et je suis tout à vous.

    Je m'engage, etc.

Sur le même sujet.

Air : *De la marche des Gardes Françaises.*

UNE VOIX.

QUAND l'eau sainte du Baptême
Coula sur vos fronts naissans,
Et qu'un Dieu , la bonté même,
Vous adopta pour enfans,
    Muets encore,
D'autres promirent pour vous :
    Aujourd'hui, confessez tous
La foi dont un Chrétien s'honore.

TOUS LES ENFANS.

Foi de nos pères,
Notre règle et notre amour,
Nous embrassons, dans ce jour,
Et ta morale et tes Mystères.

En vain, à ma foi soumise,
S'oppose un orgueil trompeur :
Sur les traces de l'Eglise,
Puis-je marcher dans l'erreur ?
    Trinité Sainte ,
Je te confesse et te crois,
Et je t'adore trois fois,
Et plein d'amour, et plein de crainte.

    Foi de nos pères, etc.

Annoncé par mille oracles ,
Et de la terre l'espoir,
L'Homme-Dieu , par ses miracles,
Fait éclater son pouvoir.
    Victime pure ,
Il triomphe du trépas :
Et je n'adorerais pas ,
En lui, l'auteur de la nature !

    Foi de nos pères, etc.

Que sa parole est divine!
Que sa parole a d'attrait !
Tous les cœurs qu'il illumine,
Il les console en secret.
    Et l'on blasphême
Ce Dieu fait homme pour nous !
Ingrats ! tombez à genoux....
Voyez s'il mérite qu'on l'aime.

    Foi de nos pères, etc.

Par un funeste héritage ,
Nos parens, avec le jour,
Nous transmirent, en partage ,
La haine d'un Dieu d'amour.
    J'implore et crie :
Dieu s'offense de mes pleurs.

Mais Jésus a dit: Je meurs;
Et sa mort me rend à la vie.

Foi de nos pères, etc.

Ciel! quelle robe éclatante !
Quel bain pur et bienfaisant!
Quelle parole puissante,
D'un Dieu m'a rendu l'enfant ?
Je te baptise. . . .
Le Ciel s'ouvre, plus d'Enfer ,
Et des Anges, le concert,
M'introduit au sein de l'Eglise.

Foi de nos pères , etc.

De quel œil de complaisance
Vous me vîtes, ô mon Dieu,
Quand, revêtu d'innocence,
On m'emporta du saint lieu !
Pensée amère:
O beau jour trop tôt passé !
Hélas! je me suis lassé,
Mon Dieu, de vous avoir pour père.

Foi de nos pères, etc.

J'ai blessé votre tendresse ,
Violé vos saintes lois :
Vous me rappeliez sans cesse ,
Je repoussais votre voix.
Du moins mes larmes
Obtiendront-elles pardon ?
Seigneur, de votre maison,
Je puis encore goûter les charmes.

Foi de nos pères, etc.

Loin de moi, monde profane ;
Fuis, ô plaisir séduisant:
L'Evangile vous condamne ,

Vous blessez en caressant.
  Sous votre empire,
Mon Dieu, sont les vrais trésors;
Vos douceurs sont sans remords,
C'est pour elles que je soupire.

  Foi de nos pères, etc.

Loin de ces tentes coupables,
Où s'agite le pécheur,
Sous vos pavillons aimables,
J'irai jouir du bonheur :
  Avant l'aurore,
Mon cœur vous appellera ;
Et quand le jour finira,
Mes chants vous béniront encore.

  Foi de nos pères, etc.

Engagement d'être à Dieu pour toujours.

Air nouveau.

Mon cœur, en ce jour solennel,
Il faut enfin choisir un maître ;
Balancer serait criminel,
Quand Dieu seul est digne de l'être.
C'en est donc fait, ô Dieu Sauveur,
A vous seul je donne mon cœur.

A qui doit-il appartenir,
Ce cœur qui vous doit l'existence,
Que vous avez daigné nourrir
De votre immortelle substance ?

  C'en est donc fait, etc.

A chercher la félicité,
Hélas ! en vain, je me consume ;

PROPRE DU TEMS.

Pour la rentrée du Catéchisme.

Air : *Je l'ai planté, je l'ai vu naître.*

Salut, aimable et cher asile,
Où Dieu même instruit ses enfans ;
Où, des beautés de l'Evangile,
Il charme leurs cœurs innocens.   (*bis.*)

Ici, la Foi, de ses nuages,
Semble, à nos yeux, se dégager ;
Ici, nos cœurs sont moins volages,
Et le saint joug est plus léger.   (*bis.*)

Ici, par sa force secrète,
L'exemple soutient nos travaux.
Tels résistent à la tempête,
En s'unissant, les arbrisseaux.   (*bis.*)

Dans ton sein, ô doux sanctuaire,
Pour moi, le Ciel a plus d'attraits ;
Plus vive y monte ma prière,
Plus prompts descendent ses bienfaits. (*bis.*)

Rassemble et la mère et la fille ;
Qu'ici commence le long jour,
Où, des Saints, l'heureuse famille,
Vivra, Seigneur, de ton amour.   (*bis.*)

Pour la Fête de tous les Saints.

TABLEAU DU CIEL.

Air : *Père de l'Univers.*

O vous, que dans les Cieux unit la même gloire,
Notre hommage, en ce jour, vous unit ici bas ;
Dans de pieux transports, nous chantons la
victoire
Dont Dieu couronne vos combats.

Pleins du céleste amour, au sein de la sagesse,
Vous goûtez, à longs traits, les plus chastes
plaisirs :
Votre ame s'y repaît, dans une sainte ivresse,
Du seul objet de vos désirs.

Elevé sur un trône où l'entourent des flammes,
L'Immense se complaît dans ses propres gran-
deurs :
Prodigue envers ses Saints, il s'unit à leurs ames,
Et les remplit de ses faveurs.

Sur l'autel où Dieu brille, armé de son tonnerre,
L'Agneau paraît, couvert de son sang précieux ;
La victime, une fois offerte sur la terre,
S'offre sans cesse dans les Cieux.

Investis des rayons de sa gloire suprême,
Devant Dieu, les vieillards sont toujours pros-
ternés,
Et mettent à ses pieds l'auguste diadème
Dont sa main les a couronnés.

De l'Epoux éternel, la Vierge, épouse et mère,
Brille au-dessus des Saints, au céleste séjour ;

Et de Dieu courroucé désarme la colère,
    Par le Fils qu'elle met au jour.

Vous, Apôtres, vos voix, comme autant de
                    trompettes,
Avaient, à l'Univers, annoncé son Sauveur;
Et vous les unissez aux concerts des Prophètes,
    Pour rendre hommage à sa grandeur.

Vierges, et vous Martyrs, teints du sang ado-
                    rable,
Les palmes à la main, vous mêlez tous vos voix,
Et chantez, à l'envi, ce cantique admirable :
    Trois fois Saint, est le Roi des Rois.

Saints Pontifes de Dieu, qui goûtez les doux
                    charmes,
Vos soins, sur vos troupeaux, ont cessé pour
                    jamais ;
Vous voyez, Pénitens, succéder à vos larmes,
    La joie et l'éternelle paix.

Là, Sion retentit d'une sainte harmonie,
Ici, dans notre exil, nous poussons des soupirs;
Nos instrumens, nos voix, hors de notre patrie,
    Tout se refuse à nos désirs.

Grand Dieu ! quand finira notre triste carrière,
Pour nous unir aux Saints, pendant l'éternité?
Et quand jouirons-nous de ta vive lumière,
    Sans voile et sans obscurité ?

Nous ne te verrons plus, sous d'obscures images,
Quand nous serons reçus au sein de tes gran-
                    deurs :

Ah ! c'est alors, Seigneur, que nos yeux, sans
  nuages,
Verront les traits de tes splendeurs.

Citoyens de Sion, purs Esprits, chœur des
  Anges,
Vous qui régnez au sein de l'immortalité,
Daignez offrir nos vœux, nos chants et nos
  louanges,
Aux pieds de la Divinité.

O Saints, qui nous voyez exposés au naufrage,
Sauvez-nous du péril, assurez notre sort,
Conduisez-nous, enfin, à l'heureux héritage
Où conduit une sainte mort.

Sur le même sujet.

Air : *Je l'ai planté, je l'ai vu naître.*

Quels accords, quels concerts augustes,
Quelle pompe éblouit mes yeux !
Fais silence, à l'aspect des Justes,
O Terre, entends les chants des Cieux.

O divine, ô tendre harmonie,
Les Saints, dans des transports d'amour,
Chantent la grandeur infinie
Du Dieu dont ils forment la cour.

Quel spectacle ! un Dieu, sans nuage,
Se montre aux yeux des Bienheureux ;
Ils contemplent, de son visage,
Les traits sereins et lumineux.

Le Seigneur transporte leur ame,
Par les plus saints ravissemens ;
La sainte ardeur qui les enflamme,
Les nourrit de feux renaissans.

Je vois, à l'ombre de ses ailes,
Ces Saints, dont l'éloquente voix
Confondit les esprits rebelles,
Et donna des leçons aux Rois.

De la nouvelle Babylone,
Les Martyrs, ces brillans vainqueurs,
Sont assis auprès de son trône,
Le front ceint d'immortelles fleurs.

Les Vierges, ces tendres victimes
Du chaste amour pour leur Epoux,
Demandent grâce pour nos crimes,
Et nous dérobent à ses coups.

Que nos voix, ici bas, s'unissent
A leurs concerts mélodieux !
Servons le Maître qu'ils bénissent,
En suivant leurs pas glorieux.

Seigneur, arrête la furie
De l'Enfer, armé contre nous :
Si tu perdis, pour tous, la vie,
Tu fis aussi le Ciel pour tous.

Daigne nous rendre l'héritage
Que tu promis à notre foi :
Ah ! c'est languir dans l'esclavage,
Que de vivre éloigné de toi.

Pour le jour de la Dédicace.

PLAINTES ET ESPÉRANCE DE L'ÉGLISE.

Air: *Te bien aimer, etc.*

PERMETTRAS-TU que ton culte périsse,
O Dieu Sauveur, ò fils de l'Eternel ?
Quoi ! désormais, l'auguste sacrifice
N'aura donc plus de Temple ni d'Autel !

L'Eglise en deuil, plaintive, désolée,
Ne cesse, hélas ! d'implorer son Epoux :
Par les méchans, d'insultes accablée,
Doit-elle, enfin, succomber sous leurs coups ?

Des loups cruels, ó Dieu, confonds la rage ;
Défends, Seigneur, tes fidelles brebis :
De ton troupeau, de ton faible héritage,
Epargne au moins les malheureux débris.

Mais c'en est fait, je vois fuir la tempête ;
Je vois briller l'aurore d'un beau jour.
Sainte Sion, pour toi, quel jour de Fête !
De tes enfans célèbre le retour.

Sèche tes pleurs, mets un terme à ta plainte ;
Non, non, tes murs ne seront point déserts :
Déjà la foule inonde ton enceinte ;
Sous tes parvis j'entends mille concerts.

O culte saint ! l'Enfer, en vain, conspire
Pour diviser ce que tu réunis :
Du Dieu de paix, tu rétablis l'empire ;
La Foi triomphe, il n'est plus d'ennemis.

Pour le premier Dimanche de l'Avent.

Air : *Je l'ai planté, je l'ai vu naître.*

Le Dieu que nos soupirs appellent,
Hélas ! ne viendra-t-il jamais ?
Les siècles, qui se renouvellent,
Accompliront-ils ses décrets ?

Le verrons-nous bientôt éclore,
Ce jour promis à notre foi ?
Viens dissiper, brillante aurore,
Les ombres de l'antique loi.

C'en est fait, le moment s'avance,
Un Dieu vient essuyer nos pleurs ;
Il va combler notre espérance,
Et mettre fin à nos malheurs.

Fille des Rois, ô Vierge aimable,
Parais, sors de l'obscurité :
Reçois le prix inestimable
Que tes vertus ont mérité.

Des promesses d'un Dieu fidelle,
Le gage, en tes mains, est remis ;
Quel bonheur, pour une mortelle !
Un Dieu va devenir ton Fils.

Dans ta demeure solitaire,
Je vois un Ange descendu :
O prodige, ô grâce, ô mystère,
Dieu parle, et le Verbe est conçu.

Mortels, d'une tige coupable
Rejetons, en naissant, flétris,
Dieu brise le joug déplorable
Où vivaient nos aïeux proscrits.

Son amour nous rend tout facile,
Ne combattons plus ses desseins;
Parmi nous lui-même il s'exile,
Pour finir l'exil des humains.

Il répand des grâces nouvelles,
Consomme ses engagemens:
A ses lois soyons tous fidelles,
Comme il le fut à ses sermens.

Pour le second Dimanche de l'Avent.

Air : *Dans un hermitage.*

O Dieu de clémence,
Viens, par ta présence,
Combler nos désirs,
Appaiser nos soupirs.   *Fin.*

Sauveur secourable,
Parais à nos yeux,
A l'homme coupable
Viens ouvrir les yeux.

Céleste victime,
Ferme-lui l'abîme.

O Dieu, etc.

Sagesse éternelle,
Lumière immortelle,

Viens , du haut des Cieux ,
Viens éclairer nos yeux. *Fin.*

Justice adorable ,
Parais à jamais ,
O toujours aimable ,
Viens céleste paix.

Qu'ils seront durables ,
Tes biens ineffables !
 Sagesse , etc.

Peuple inconsolable ,
Le Ciel favorable ,
Sensible à tes pleurs ,
Met fin à tes malheurs. *Fin.*

Le Dieu de justice
Remplit tes désirs ;
Il sera propice
Aux humbles soupirs.

Ils vont jusqu'au trône
Du Dieu qui pardonne.
 Peuple, etc.

O jour d'alégresse !
Le Ciel s'intéresse
A tous nos malheurs ;
Il calme nos frayeurs. *Fin.*

Un Dieu va paraître
Dans l'abaissement ;
Un Dieu vient de naître
Dans le dénûment :

Il est dans l'étable ,
Pauvre et misérable.
 O jour, etc.

Un dur esclavage
Fut notre partage :
Il brise nos fers
Et sauve l'Univers.   *Fin.*

Loin de sa présence ,
Le crime s'enfuit ,
Et par sa présence
L'Enfer est réduit :

A tous , sa naissance ,
Rendra l'innocence.

   Un dur, etc.

Chantons tous sa gloire ,
Chantons sa victoire ,
Chantons ses bienfaits,
Chantons-les à jamais.   *Fin.*

Tous les Cieux s'abaissent,
Saisis de respect ;
Nos maux disparaissent,
A son seul aspect.

Tout , à sa naissance,
Cède à sa puissance.

   Chantons , etc.

Gloire à son enfance ,
Gloire à sa clémence ,
Au plus haut des Cieux ,
Gloire , amour en tous lieux.   *Fin.*

Que les chœurs des Anges ,
Que les immortels ,

Chantent ses louanges
Avec les mortels.
Qu'à l'envi réponde
Et la terre et l'onde.

Gloire, etc.

Pour le troisième Dimanche de l'Avent.

Air : Où s'en vont ces gais bergers.

OUBLIONS nos maux passés,
  Ne versons plus de larmes ;
Tous nos vœux sont exaucés,
  Nous n'avons plus d'alarmes,
Dieu naît, les Démons sont terrassés :
  Quel sort eut plus de charmes ?

  L'Univers était perdu
    Par un funeste crime,
  Du Ciel un Dieu descendu,
    Le sauve de l'abîme :
  L'Enfer nous était justement dû,
    Dieu nous sert de victime.

  Ce Dieu qui vient s'incarner
    Finit notre disgrace ;
  La justice allait tonner,
    Mais l'amour prend la place :
  Le Père est prêt à nous condamner,
    Le Fils demande grâce.

  Nous échappons aux Enfers,
    Nous sortons d'esclavage,

Les Cieux vont nous être ouverts,
  Quel plus heureux partage !
Le salut s'offre à tout l'Univers,
  Amour c'est ton ouvrage.

Pouvons-nous trop estimer
  Un sort si désirable ?
Peut-il ne pas nous charmer,
  Ce Dieu si favorable ?
Pouvons-nous jamais assez l'aimer ?
  Qu'est-il de plus aimable ?

Sous la forme d'un mortel,
  C'est un Dieu qui se cache ;
Du sein du Père éternel,
  Son tendre amour l'arrache.
Pour nous il vient s'offrir à l'autel,
  Comme un agneau sans tache.

Qu'il nous aime tendrement !
  Il se livre lui-même ;
Aimons souverainement
  Cette bonté suprême,
Aimons, aimons ce divin enfant,
  Aimons-le comme il aime.

Pour le quatrième Dimanche de l'Avent.

Air : *Laissez paître vos bêtes.*

Venez divin Messie,
Sauvez nos jours infortunés ;
Venez, source de vie, venez, venez, venez,

Ah! descendez, hâtez vos pas,
Sauvez les hommes du trépas :
Secourez-nous, ne tardez pas :
Venez, divin Messie,
Sauvez nos jours infortunés ;
Venez, source de vie, venez, venez, venez.

Ah ! désarmez votre courroux,
Nous soupirons à vos genoux ;
Seigneur, nous n'espérons qu'en vous.
Pour nous livrer la guerre,
Tous les Enfers sont déchaînés :
Descendez sur la terre : venez, venez, venez.

Que nos soupirs soient entendus :
Les biens que nous avons perdus
Ne nous seront-ils point rendus ?
Voyez couler nos larmes :
Grand Dieu! si vous nous pardonnez,
Nous n'aurons plus d'alarmes : venez, venez,
venez.

Si vous venez en ces bas lieux,
Nous vous verrons victorieux
Fermer l'Enfer, ouvrir les Cieux.
Nous l'espérons sans cesse,
Les Cieux nous furent destinés ;
Tenez votre promesse : venez, venez, venez.

Ah! puissions-nous chanter un jour,
Dans votre bienheureuse Cour,
Et votre gloire et votre amour.
C'est là l'heureux partage
De ceux que vous prédestinez ;
Donnez nous-en un gage : venez, venez, venez.

Pour le saint jour de Noël.

Sur un air ancien.

Dans cette étable ,
Que Jésus est charmant !
Qu'il est aimable
Dans son abaissement !
Que d'attraits , à la fois!
Tous les palais des Rois
N'ont rien de comparable,
Aux beautés que je vois
Dans cette étable.

Que sa puissance
Paraît bien en ce jour ,
Malgré l'enfance
Où le réduit l'amour.
L'esclave racheté ,
Et tout l'Enfer dompté ,
Font voir , qu'à sa naissance ,
Rien n'est si redouté
Que sa puissance.

Heureux Mystère !
Jésus souffrant pour nous ,
D'un Dieu sévère
Appaise le courroux.
Pour sauver le pécheur,
Il naît dans la douleur ;
Et sa bonté de père ,
Eclipse sa grandeur ,
Heureux mystère!

S'il est sensible ,
Ce n'est qu'à nos malheurs ;

Le froid horrible
Ne cause point ses pleurs.
Après tant de bienfaits,
Notre cœur, aux attraits
D'un amour si visible,
Doit céder désormais,
S'il est sensible.

Que je vous aime !
Peut-on voir vos appas,
Beauté suprême,
Et ne vous aimer pas ?
Puissant Maître des Cieux,
Brûlez-moi de ces feux
Dont vous brûlez vous-même ;
Ce sont-là tous mes vœux :
Que je vous aime !

Pour le même jour.

Air : *Eh ! quoi, tout sommeille.*

Votre divin Maître,
Bergers, vient de naître,
Rassemblez-vous,
Volez à ses genoux :
Aux hymnes des Anges,
Mêlez vos louanges ;
De vos concerts
Remplissez l'Univers.   *Fin.*

LE CHŒUR.

Notre divin Maître,
Pour nous, vient de naître ;
Rassemblons-nous,
Volons à ses genoux :

Anx hymnes des Anges,
Mêlons nos louanges ;
  De nos concerts
Remplissons l'Univers.   *Fin.*

  Tendre victime
Sauveur magnanime ,
Il vient , de tout crime ,
Laver les pécheurs ;
  Mais les prémices
De ses dons propices
Et de ses faveurs ,
Sont pour les pasteurs.

  Notre, etc.

  O qu'il est puissant ,
Auguste , adorable!
Mais qu'il est affable ,
Humain , doux , aimable ,
  Ce Dieu fait enfant !
Qu'il est beau, qu'il est grand ,
Qu'il est bienfaisant ,
Qu'il est charmant !

  Notre , etc.

A ce Dieu qui vous aime ,
Venez sans frayeur ;
Vos agneaux même
N'ont point sa douceur.
La timide innocence ,
La simple candeur ,
L'humble indigence ,
Plaisent à son cœur.

Pour être à vous semblable ,
Il naît dans une étable ;

Il habite un hameau.
Une crèche fait son berceau.
A vous que tout s'unisse;
Que . dans ce saint jour,
Tout retentisse
De vos chants d'amour!
Pour lui, musette tendre,
Hautbois, chalumeaux,
Faites entendre
Vos sons les plus beaux.

Notre , etc.

Pour le même jour.

Sur le majeur de l'air : Allons danser sous ces ormeaux.

Bergers, par les plus doux accords,
D'un Dieu célébrez la naissance;
Bergers, par les plus doux accords,
Faites éclater vos transports.   *Fin.*

Sous l'humble voile de l'enfance
Ce Dieu cache sa majesté;
Pour ne songer qu'à sa bonté,
Il semble oublier sa puissance. Bergers, etc.

Bergers, par les plus doux accords,
D'un Dieu célébrez la naissance,
Bergers, par les plus doux accords,
Faites éclater vos transports.
L'aimable et tranquille innocence
De sa naissance est l'heureux fruit,
L'Enfer se tait, le crime fuit,
La paix renaît à sa présence. Bergers, etc.

Bergers, par les plus doux accords,
D'un Dieu, célébrez la naissance,

Bergers, par les plus doux accords,
Faites éclater vos transports.
Né dans le sein de l'indigence,
Du pauvre il veut être l'appui ;
Bergers, sur les Rois, aujourd'hui,
Il vous donne la préférence. Bergers, etc.

Plus il nous voile ses grandeurs,
Et veut les couvrir d'un nuage ;
Plus il nous voile ses grandeurs,
Plus il a de droits sur nos cœurs.   *Fin.*

Il a le bonheur en partage ;
Sa durée est l'éternité ;
Sa grandeur est l'immensité ;
Et l'univers est son ouvrage. Plus, etc.

Plus il nous voile ses grandeurs
Et partage notre misère,
Plus il nous voile ses grandeurs,
Plus il a de droits sur nos cœurs.
Il créa le ciel et la terre,
Et son palais est un hameau ;
Une humble crêche est le berceau
Du Dieu qui lance le tonnerre. Plus, etc.

Plus il nous voile ses grandeurs,
Plus il doit nous trouver fidelles ;
Plus il nous voile ses grandeurs,
Plus il a de droits sur nos cœurs.
Volez des voûtes éternelles,
Anges qu'embrase son amour :
Volez vers son obscur séjour,
Venez le couvrir de vos ailes. Plus, etc.

Ses dons remplissent l'univers,
Tout nous en trace la peinture :

Ses dons remplissent l'univers,
Célébrons-le dans nos concerts.　　　　　　　　　　*Fin.*

C'est lui qui forma la structure
Du grand édifice des Cieux.
Des beautés qui charment nos yeux,
C'est lui qui pare la nature. Ses dons, etc.

Ses dons remplissent l'univers,
Offrons lui nos tendres hommages :
Ses dons remplissent l'univers,
Célébrons-le dans nos concerts.
C'est lui qui donne à nos bocages
La verdure de leurs rameaux ;
Nos champs, nos vallons, nos côteaux,
Sont ses bienfaits, sont ses ouvrages. Ses, etc.

Ses dons remplissent l'univers,
De sa bonté tout est l'image,
Ses dons remplissent l'univers,
Célébrons-le dans nos concerts.
A le chanter, tout nous engage :
Le doux murmure des ruisseaux,
L'innocente voix des oiseaux,
L'écho qui nous rend leur ramage. Ses, etc.

Chargés du poids de ses bienfaits,
N'en perdons jamais la mémoire ;
Chargés du poids de ses bienfaits,
Pourrions-nous l'oublier jamais ?　　　　　　　　*Fin.*

A ce Dieu seul, honneur et gloire,
Au ciel, sur la terre et les mers ;
Eternisons dans nos concerts,
Les jours naissans de sa victoire. Chargés, etc.

Chargés du poids de ses bienfaits,
Pourrions-nous douter qu'il nous aime ;

Chargés du poids de ses bienfaits,
Pourrions-nous l'oublier jamais ?
Un trait de son amour extrême
Mettra le comble à ses faveurs,
Un jour, pour nous, dans les douleurs,
Nous le verrons mourir lui-même. Chargés, etc.

Chargés du poids de ses bienfaits,
Que, pour l'aimer, nos cœurs s'unissent ;
Chargés du poids de ses bienfaits,
Pourrions-nous l'oublier jamais.
Qu'en son nom les genoux fléchissent,
Jusqu'aux bornes de l'univers ;
Que les airs, les cieux, les enfers,
Du nom de Jésus retentissent. Chargés, etc.

A chanter cet aimable enfant,
L'oiseau consacre son ramage ;
Pour chanter cet aimable enfant,
Tout semble avoir du sentiment.   *Fin.*

Et l'homme fait à son image,
Pour qui ce Dieu naît en ce jour,
Pour reconnaître son amour,
Seul n'aurait-il point de langage! A chanter, etc.

Chérissons cet aimable enfant ;
L'aimer est le bonheur suprême :
Chérissons cet aimable enfant,
Dans cet excès d'abaissement.   *Fin.*

Pour nous sa tendresse est extrême,
Sa bonté doit nous enflammer ;
Puisqu'un Dieu daigne nous aimer,
Sans doute il mérite qu'on l'aime. A chanter, etc.

Les fruits de la Naissance de Jésus-Christ.

Air : *Laissez paître vos bêtes.*

Amour, honneur, louanges,
Au Dieu Sauveur, dans son berceau ;
Chantons, avec les Anges,
Un Cantique nouveau.   *Fin.*

Si cet enfant verse des pleurs,
C'est pour attendrir les pécheurs,
Et mettre fin à nos malheurs :
    Chargé de notre offense,
Il calme le courroux des Cieux ;
    La paix, par sa naissance,
Va régner en tous lieux.

    Amour, etc.

Si notre cœur est dans l'ennui,
Nous ne devons chercher qu'en lui
Et notre force, et notre appui.
    Loin de nous les alarmes,
Le trouble et les soucis fâcheux ;
    Un jour si plein de charmes,
    Doit combler tous nos vœux.

    Amour, etc.

Quand il nous voit prêts à périr,
Pour nous, lui-même, il veut s'offrir,
Et par sa mort vient nous guérir.
    A l'ardeur qui le presse,
Joignons nos généreux efforts,
    Et que, de sa tendresse,
    Tout suive les transports.

    Amour, etc.

Ne craignons plus le noir séjour ;
Ce Dieu qui naît pour notre amour,
Nous ouvre la céleste cour :
    Le Démon, plein de rage,
A beau frémir dans les Enfers,
    De son dur esclavage,
    Nous briserons les fers.

        Amour, etc.

Sortons des ombres de la nuit,
Suivons cet astre qui nous luit,
Au vrai bonheur il nous conduit :
    Entrant dans la carrière,
Par tout il porte ses ardeurs ;
    Sa brillante lumière
    Enchante tous les cœurs.

        Amour, etc.

Par son immense charité,
Il rend à l'homme racheté,
Le droit à l'immortalité :
    Sous son heureux empire,
Les biens seront toujours parfaits ;
    Heureux qui ne soupire
    Qu'après ses doux attraits !

        Amour, etc.

Pour le Dimanche dans l'Octave de Noël.

Air : *Tous les Bourgeois de Châtres.*

LE fils du Roi de gloire
Est descendu des Cieux :
Que nos chants de victoire
Résonnent dans ces lieux.

11..

Il dompte les Enfers,
Il calme nos alarmes;
Il tire l'Univers
        Des fers,
    Et pour jamais,
    Lui rend la paix :
Ne versons plus de larmes.

L'amour seul l'a fait naître,
Pour le salut de tous :
Il fait, par là, connaître
Ce qu'il attend de nous :
Un cœur brûlant d'amour
Est le plus bel hommage;
Faisons-lui, tour à tour,
        La cour;
    Dès aujourd'hui,
    N'aimons que lui ;
Qu'il soit mon seul partage.

Vains honneurs de la terre,
Je veux vous oublier ;
Le maître du tonnerre
Vient de s'humilier.
De vos trompeurs appas,
Je saurai me défendre ;
Allez, n'arrêtez pas
        Mes pas ;
    Monde flatteur,
    Monde enchanteur,
Je ne veux plus t'entendre.

Régnez seul en mon ame,
Ô mon divin Epoux :
N'y souffrez point de flamme
Qui ne s'adresse à vous.

Que voit-on dans ces lieux ?
Que misère et bassesse.
Ne portons plus nos yeux
    Qu'aux cieux :
  A votre loi,
  Céleste Roi,
J'obéirai sans cesse.

Pour le jour de la Circoncision.

Air : *Je suis Lindor.*

O mon Jésus, ô mon bien et ma vie !
Ce jour va donc assurer mon bonheur :
Tu prends le nom, le doux nom de Sauveur,
Et ton amour déjà le justifie.

C'était pour moi, quand tu venais de naître,
Que de tes pleurs tu mouillais ton berceau ;
Et c'est pour moi que tu viens, tendre agneau,
Te présenter au glaive du Grand Prêtre.

Tu nais à peine, et de ton sang propice
Tu veux déjà sceller tes jours naissans.
Moi, dont le crime a devancé les ans,
Je n'ai rien fait pour calmer ta justice.

Ah ! dans mon cœur trop long-tems infidèle,
Eteins l'orgueil et l'amour du plaisir,
Et que jamais il n'ait d'autre désir
Que de te prendre, ô Jésus, pour modèle.

Il faut enfin, moi qui fus seul coupable,
Que pour laver mes crimes, à mon tour,
Mon repentir, animé par l'amour,
Mêle ses pleurs à ton sang adorable.

Pour le Dimanche dans l'Octave de la Circoncision.

Air connu.

Célébrons le Roi de gloire,
Par l'accord de nos concerts,
Et des chants de sa victoire
Faisons retentir les airs :
Qu'à bénir Dieu tout s'empresse :
Dans ce jour si fortuné,
Livrons-nous-à l'alégresse :
Un Rédempteur nous est né.

L'homme, devenu rebelle,
Avait mérité la mort :
D'une misère éternelle
Il devait subir le sort :
Le Démon, sous sa puissance,
Retenait tout l'Univers,
Si cette heureuse naissance
N'avait dû briser nos fers.

Du Ciel la juste co'ère
Va se calmer désormais ;
Le fils unique du père
Vient nous apporter la paix.
Pour remettre notre offense,
Quittant son trône éternel,
Ce Dieu vient, sous l'apparence
D'un homme faible et mortel.

Quelle merveille ineffable !
L'Eternel, le Tout-Puissant,
Est couché dans une étable,
Sous la forme d'un enfant.

Mais si cet auguste Maître
Nous cache sa majesté,
Ah ! qu'il nous fait bien paraître
Son immense charité.

Il nous élève, et lui-même
Il daigne s'anéantir ;
Par son indigence extrême,
Il cherche à nous enrichir :
Les souffrances qu'il endure
Mettront fin à nos malheurs ;
Pour laver notre ame impure,
Ses yeux répandent des pleurs.

Trop souvent, pour nous, le crime
Avait été plein d'appas ;
Un amour plus légitime
Va conduire tous nos pas.
Revenez, belle innocence,
Descendez encore des Cieux ;
Qu'à votre aimable puissance,
Le péché cède en tous lieux.

Accourons-tous à la crêche,
Portons nos yeux sur Jésus ;
Déjà, sans parler, il prêche
La pratique des vertus.
Bienheureux l'œil qui contemple
L'état de ce Dieu naissant ;
Oh ! pour nous, que son exemple
Est un exemple pressant !

Le Dieu Verbe, dans l'enfance,
De l'orgueil doit nous guérir ;
Le Dieu saint, dans la souffrance,
Doit nous apprendre à souffrir.

En voyant, dans une étable,
Naître notre Rédempteur,
Que de tout bien périssable
L'homme détache son cœur.

Saint Enfant, divin Messie,
Verbe fait homme pour nous,
Vous nous apportez la vie,
Ah! que ferons-nous pour vous?
A vous seul, maître adorable,
Nous nous donnons en ce jour;
Vous ferez, Sauveur aimable,
Tout l'objet de notre amour.

Pour le jour de l'Epiphanie.

Air : *De la Fontaine de Vaucluse.*

Suivons les Rois dans l'étable,
Où l'étoile les conduit :
Que vois-je? Un Enfant aimable,
De sa crêche les instruit.
O Ciel! quels traits de lumière
Frappent mes yeux et mon cœur!
Dans le sein de la misère,
Que d'éclat et de grandeur!

Oui, c'est le Dieu du tonnerre,
Venez fléchir les genoux;
Adorez, Rois de la terre,
Un Roi plus puissant que vous.
Suivez l'exemple des Mages :
D'un cœur pur les sentimens,
Sont de plus dignes hommages,
Que l'or, la mirrhe et l'encens.

Il ne doit point leur hommage
A l'éclat d'un vain dehors ;
L'indigence est son partage ,
Ses vertus sont ses trésors ;
Sa splendeur ni sa couronne ,
Pour les yeux, n'ont point d'attraits ;
Une crèche fait son trône ,
Une étable est son palais.

O réduit pauvre et champêtre,
Dans ton paisible séjour,
L'univers offre à son Maître
Le tribut de son amour.
Enfin , l'heureux jour s'avance
Qu'à nos pères Dieu promit :
A Bethléem il commence ,
Sur la Croix il s'accomplit.

Quand la grâce nous appelle ,
Gardons nous de résister ;
Suivons ce guide fidelle ,
Quittons tout sans hésiter.
Craignons de perdre de vue
L'astre qui , pendant la nuit ,
Comme du haut de la nue ,
Nous éclaire et nous conduit.

Pour le Dimanche dans l'Octave de l'Epiphanie.

LA SAINTE ENFANCE DE JÉSUS.

Air : *Ah! vous dirai-je, maman, etc.*

O vous , dont les tendres ans
Croissent encore innocens,

Pour sauver, à votre enfance,
Le trésor de l'innocence,
Contemplez l'Enfant Jésus,
Et prenez-en les vertus.

Il est votre Créateur
Votre Dieu, votre Sauveur;
Mais il est votre modèle.
Heureux qui lui fut fidèle!
Il eut part à sa faveur,
A ses dons, à son bonheur.

Que touchant est le tableau
Que nous offre son berceau!
O que de leçons utiles
Y trouvent les cœurs dociles!
Accourez, vous tous, enfans,
Y former vos jours naissans.

Une étable est le séjour
Où Jésus reçoit le jour:
Sous ses langes, de sa crêche
Sa divine voix nous prêche,
Que l'indigence, à ses yeux,
Est un riche don des Cieux.

Pourquoi ce froid, ces douleurs,
Ces yeux qui s'ouvrent aux pleurs,
Ce sang qu'il daigne répandre?
N'est-ce point pour nous apprendre
Qu'il faut haïr le plaisir,
Et, pour lui, vivre et souffrir?

Ce Dieu, seul Prêtre immortel,
Du berceau passe à l'autel,
Et, Législateur et Maître,
A la loi va se soumettre,

Prêt à s'immoler un jour,
Pour son Père et notre amour.

Il naît à peine, et, naissant,
Il veut fuir obéissant :
Trente ans, dans un vil asile,
L'ont vu fidelle et docile,
Exact, obéir toujours
Aux saints gardiens de ses jours.

Si, par un départ secret,
Il leur laisse un vif regret,
Ils le reverront au Temple,
Nous montrer, par son exemple,
Qu'on doit, pour Dieu, tout quitter :
Qui de nous sut l'imiter ?

Esprits vains, cœurs indomptés,
Captivez vos volontés ;
Quand on voit Jésus lui-même,
Jésus, la grandeur suprême,
S'abaisser, s'anéantir,
Peut-on ne pas obéir ?

Qu'il est beau de voir ces mains
Qui formèrent les humains,
Se prêter aux œuvres viles,
Aux travaux les plus serviles,
Et rendre, à jamais, pour nous,
Tout travail lonable et doux.

Tout m'instruit dans l'Enfant-Dieu ;
Son respect pour le saint lieu,
Son air modeste, humble, affable,
Sa douceur inaltérable,
Son zèle, sa charité,
Sa clémence, sa bonté.

Jésus croît, et plus ses ans
Hâtent leurs accroissemens,
Plus l'adorable sagesse,
Qui réside en lui sans cesse,
Dévoile aux yeux des humains,
L'éclat de ses traits divins.

Combien en est-il, hélas!
Qui, loin de suivre ses pas,
Vont, croissant de vice en vice,
Aboutir au précipice!
Heureux seul, heureux, qui prend
Pour guide Jésus enfant!

Pour le second Dimanche après l'Epiphanie.

AVANTAGES DE L'INNOCENCE.

Air : *Nous n'avons qu'un tems à vivre.*

Heureux, qui dès son enfance,
Soumis aux lois du Seigneur,
N'a pas, avec l'innocence,
Perdu la paix de son cœur!
Chéri de celui qu'il adore,
Son bonheur le suit en tout lieu;
Que peut-il désirer encore,
Quand il se voit l'ami d'un Dieu?

Heureux qui, etc.

En vain la fortune couronne,
Du pécheur, les moindres désirs:
Le remords cruel empoisonne
Les plus vantés de ses plaisirs.

Heureux qui, etc.

Qui se laisse prendre à tes charmes,
Trop séduisante volupté,
Payera bientôt, de ses larmes,
Le plaisir qu'il aura goûté.

    Heureux qui , etc.

Le moment d'une folle ivresse,
Fait place à celui des regrets ;
Ce bonheur, qu'il poursuit sans cesse,
Le mondain ne l'aura jamais.

    Heureux qui , etc.

Seigneur, de ma tranquille vie,
Rien ne saurait troubler le cours ;
La paix ne saurait être ravie
A qui veut vous aimer toujours.

    Heureux qui , etc.

Le monde étale sa richesse,
Et ses biens ne m'ont point tenté ;
J'ai le trésor de la sagesse,
Dans le sein de la pauvreté.

    Heureux qui , etc.

La Croix où mon Jésus expire,
Change mes peines en douceurs :
Si quelquefois mon cœur soupire ,
C'est que je songe à ses douleurs.

    Heureux qui , etc.

L'espoir d'une gloire immortelle,
Et d'un bonheur toujours nouveau ,
Sème de fleurs, pour le fidelle ,
Les bords si tristes du tombeau.

    Heureux qui , etc.

Mon Dieu , j'y descendrai sans crainte,
Espérant , des bras de la mort,
Voler vers ta demeure sainte,
En chantant, dans un doux transport :
Heureux qui , dès son enfance,
Soumis aux lois du Seigneur,
N'a pas, avec l'innocence,
Perdu la paix de son cœur !

Pour le troisième Dimanche après l'Epiphanie.

INVITATION AUX ENFANS, DE SE CONSACRER AU SEIGNEUR.

Air : *Femme sensible , etc.*

TENDRES enfans , aux délices perfides,
Aux faux plaisirs , n'ouvrez point votre cœur :
C'est en Dieu seul que sont les biens solides ;
Sans son amour , il n'est point de bonheur.

Par quels attraits , le crime , et par quels
charmes
Peut-il, hélas! pervertir tant de cœurs :
Les noirs remords , les mortelles alarmes ,
Suivent toujours les traces des pécheurs.

Le sort du Juste est bien plus désirable,
De son bonheur , rien n'arrête le cours ;
Sa joie est pure et sa paix véritable ;
Ses jours, pour lui, ne sont que d'heureux jours.

Chéri de Dieu , toujours à Dieu fidelle ,
Des saints trésors qu'il gagne chaque jour,

Il enrichit la couronne immortelle
Que le Seigneur réserve à son amour.

Pour les Pécheurs , la mort si redoutable ,
S'offre à ses yeux sous des traits de douceur ;
Il meurt tranquille , et d'un sommeil aimable ,
Il passe au sein du Dieu son Créateur.

Enfans , dont l'ame est innocente et pure ,
Ah ! si jamais, même, un seul de vos jours
Doit, du péché, connaître la souillure ,
Qu'une mort prompte en abrége le cours.

Pour le quatrième Dimanche après l'Epiphanie.

ENFANS QUI SE CONSACRENT AU SEIGNEUR.

Air : *Ah ! que j'aime la solitude.*

Aimons Jésus dès notre enfance ,
C'est lui qui peut nous rendre heureux.
    Ah ! si notre innocence
    Brille , éclate à ses yeux ,
    Sa douce bienfaisance
    Couronnera nos vœux.

De Jésus, l'amour est si tendre
Pour des cœurs simples , innocens !
    Venons donc , sans attendre ,
    Dès nos plus jeunes ans ,
    A notre Dieu nous rendre ;
    C'est l'ami des enfans

Offrons à cet ami fidelle
Les prémices de nos beaux jours :

Sur ce divin modèle
Ordonnons-en le cours ;
Ce Dieu bon nous appelle :
Aimons-le donc toujours.
Jésus, dès la fleur de mon âge,
Soyez mon aimable vainqueur :
Agréez mon hommage,
O mon divin Sauveur !
Il est le tendre gage
Du plus sensible cœur.

Pour le cinquième Dimanche après l'Epiphanie.

BONHEUR DE LA JEUNESSE QUI SE CONSACRE AU SEIGNEUR.

Air : Avec les jeux dans le village.

Heureuse, ô mon Dieu, la jeunesse
Jalouse d'apprendre tes lois ;
Qui consacre à louer ta sagesse
Les premiers accens de sa voix ;
Qui chante les aimables charmes
De ton adorable beauté ;
Qui verse les plus douces larmes,
En préconisant ta bonté !   (bis.)

Trop heureux le cœur jeune et tendre,
Qui s'offre à toi, mais sans retour !
Heureux, heureux, qui sait te rendre
Un nouveau tribut chaque jour !
Heureux, si, pour un si bon père,
J'expirais d'amour à l'instant !
Au moins, ne passons, sans lui plaire,
De notre vie aucun moment.   (bis.)

Pour le sixième Dimanche après l'Epiphanie.

BONHEUR DE CEUX QUI AIMENT DIEU.

Air : *Des simples jeux de son enfance.*

Heureux qui goûte les doux charmes
De l'aimable et céleste amour :
Son cœur, d'une paix sans alarmes,
Devient le tranquille séjour.
Esprit saint, descends dans mon ame,
Embrase-la de ton beau feu ;
Que le seul désir qui l'enflamme,
Soit de toujours aimer son Dieu.

O vous que l'infortune afflige,
Ne craignez point votre douleur :
L'amour opère tout prodige,
Il change nos maux en bonheur.

    Esprit saint, etc.

Je le sens, cet amour extrême,
Il me prévient de sa douceur ;
Mais pour t'aimer, bonté suprême,
Non, ce n'est point assez d'un cœur.

    Esprit saint, etc.

Pour le jour de la Purification.

PARAPHRASE DU *NUNC DIMITTIS.*

Air : *Dans ma cabane obscure.*

La mort peut, de son ombre,
Me couvrir désormais ;

Grand Dieu ! dans la nuit sombre,
Mes jours iront en paix.
Mon ame est trop contente ;
Je vois, dans ce saint lieu,
L'objet de mon attente,
Mon sauveur et mon Dieu.

A l'éclat ineffable
Qui sort de ses attraits,
De son Verbe adorable
Je connais tous les traits :
C'est lui, c'est le Messie
Qui nous était promis ;
Ta parole est remplie,
Nous possédons ton Fils.

Tu l'as mis en spectacle,
Sous les yeux des humains,
Pour être un jour l'oracle
Et l'amour de tes Saints.
Quel beau jour nous éclaire !
Dieu donne, en même tems,
Aux peuples, la lumière :
La gloire à ses enfans.

Pour le Dimanche de la Septuagésime.

LES VANITÉS DU MONDE.

Air militaire du Drapeau.

Tout n'est que vanité,
Mensonge, fragilité,
Dans tous ces objets divers
Qu'offre à nos regards l'univers.
Tous ces brillans dehors,
Cette pompe,

Ces biens, ces trésors ,
Tout nous trompe ,
Tout nous éblouit ;
Mais tout nous échappe et nous fuit.

Telles qu'on voit les fleurs ,
Avec leurs vives couleurs,
Eclore , s'épanouir ,
Se faner , tomber et périr ;
Tel est, des vains attraits ,
Le partage ;
Tel l'éclat, les traits
Du bel âge ,
Après quelques jours,
Perdent leur beauté pour toujours.

En vain , pour être heureux,
Le jeune voluptueux
Se plonge dans les douceurs
Qu'offrent les mondains séducteurs :
Plus il suit les plaisirs
qui l'enchantent,
Et moins ses désirs
Se contentent :
Le bonheur le fuit,
A mesure qu'il le poursuit.

Que doivent devenir ,
Pour l'homme qui doit mourir,
Ces biens long-tems amassés ,
Cet argent, cet or entassés ?
Fût-il du genre-humain
Seul le maître,
Pour lui tout enfin ,
Cesse d'être :
Au jour de son deuil ,
Il n'a plus à lui qu'un cercueil.

Que sont tous ces honneurs,
Ces titres, ces noms flatteurs ?
Où vont de l'ambitieux,
Les projets, les soins et les vœux ?
Vaine ombre, pur néant,
Vil atôme,
Mensonge amusant,
Vrai fantôme,
Qui s'évanouit
Après qu'il l'a toujours séduit.

Tel qui voit aujourd'hui
Ramper au-dessous de lui
Un peuple d'adorateurs,
Qui brigue à l'envi ses faveurs;
Tel devenu demain
La victime
D'un revers soudain
Qui l'opprime,
Nouveau malheureux,
Est esclave et rampe comme eux.

J'ai vu l'impie heureux,
Porter son air fastueux
Et son front audacieux
Au-dessus du cèdre orgueilleux :
Au loin tout révérait
Sa puissance,
Et tout adorait
Sa présence.
Je passe, et soudain
Il n'est plus; je le cherche en vain.

Que sont donc devenus
Ces grands, ces guerriers connus,
Ces hommes dont les exploits
Ont soumis la terre à leurs lois ?

Les traits éblouissans
De leur gloire,
Leurs noms florissans,
Leur mémoire,
Avec les héros,
Sont entrés au sein des tombeaux.

Au savant orgueilleux
Que sert un génie heureux,
Un nom devenu fameux
Par mille travaux glorieux ?
Non, les plus beaux talens,
L'éloquence,
Les succès brillans,
La science,
Ne servent de rien
A qui ne sait vivre en Chrétien.

Arbitre des humains,
Dieu seul tient entre ses mains
Les événemens divers,
Et le sort de tout l'univers :
Seul, il n'a qu'à parler,
Et la foudre
Va frapper, brûler,
Mettre en poudre
Les plus grands héros,
Comme les plus vils vermisseaux.

La mort, dans son courroux,
Dispense à son gré ses coups,
N'épargne ni le haut rang,
Ni l'éclat auguste du sang.
Tout doit un jour mourir,
Tout succombe,
Tout doit s'engloutir
Dans la tombe :

Les sujets, les Rois,
Iront s'y confondre à la fois.

Oui, la mort, à son choix,
Soumet tout âge à ses lois;
Et l'homme ne fut jamais
A l'abri d'un seul de ses traits :
Comme, sur son retour,
La vieillesse,
Dans son plus beau jour,
La jeunesse,
L'enfance au berceau,
Trouvent tour à tour leur tombeau.

O combien malheureux,
Est l'homme présomptueux,
Qui, dans ce monde trompeur,
Croit pouvoir trouver son bonheur!
Dieu seul est immortel,
Immuable,
Seul grand, éternel,
Seul aimable;
Avec son secours,
Soyons à lui seul pour toujours.

Pour le Dimanche de la Sexagésime.

VANITÉS DES PARURES.

Air : *Je l'ai planté, je l'ai vu naître, etc.*

DU Créateur l'homme est l'image ;
Il devrait donc se souvenir,
Que c'est gâter ce bel ouvrage,
Que de chercher à l'embellir.

Ah ! loin de moi cette parure,
Et ce profane ajustement,

Qui veut réformer la nature ,
Et fait insulte au Tout-Puissant.

Le monde suit d'autres maximes ,
D'un faux éclat il veut briller ;
Laissons-lui parer ses victimes ,
Bientôt on va les immoler.

Leur gloire sera passagère ;
Considérez-en le tableau ;
C'est une ombre vaine et légère ,
Qui voltige autour du tombeau.

Chrétiens, la voilà cette pompe
Que la Religion proscrit ;
Comment se peut-il qu'elle trompe
Des Disciples de Jésus-Christ ?

Mais l'êtes-vous, le puis-je croire ?
Quittez donc ce faste trompeur ;
Le vrai Chrétien ne met sa gloire,
Que dans la Croix de son Sauveur.

Ses épines sont sa couronne ,
Sa Croix sainte fait tout son bien ;
Auprès d'elle, l'éclat d'un trône
S'éclipse, ne lui paraît rien.

Le monde aura beau lui sourire,
Ses charmes vains et dangereux,
Ne pourront jamais le séduire ;
La foi seule brille à ses yeux.

Pour le Dimanche de la Quinquagésime.

LA PÉNITENCE.

Sur un air nouveau.

GRACE, grâce, Seigneur, arrête tes vengeances,
Et détourne un moment tes regards irrités;
J'ai péché, mais je pleure; oppose à mes offenses,
Oppose à leur grandeur, celle de tes bontés.

Je sais tous mes forfaits, j'en connais l'étendue:
En tous lieux, à toute heure, ils parlent contre
moi;
Par tant d'accusateurs, mon ame confondue,
Ne prétend pas contre eux disputer devant toi.

Tu m'avais, par la main, conduit dès ma nais-
sance;
Sur ma faiblesse, en vain, je voudrais m'excuser;
Tu m'avais fait, Seigneur, goûter ta connaissance,
Mais de tes dons, hélas! je n'ai fait qu'abuser.

De tant d'iniquités, la foule m'environne;
Fils ingrat, cœur perfide, en proie à mes remords,
La terreur me saisit, je tremble, je frissonne;
Pâle, et les yeux éteints, je descends chez les
morts.

Ma voix sort du tombeau, c'est du fond de l'a-
bîme,
Que j'élève vers toi mes lugubres accens;
Fais monter jusqu'aux pieds de ton trône su-
blime,
Cette mourante voix et ces cris languissans.

O mon Dieu! quoi, ce nom, je le prononce encore!
Non , non, je t'ai perdu , j'ai cessé de t'aimer,
O toi! qu'en frémissant, je supplie et j'adore ;
Grand Dieu! d'un nom plus doux, puis-je oser
te nommer?

Dans les gémissemens, l'amertume et les larmes,
Je repasse des jours passés dans les plaisirs ;
Et voilà tout le fruit de ces jours plein de charmes:
Un souvenir affreux, la honte et les soupirs.

Ces soupirs , devant toi, sont ma seule défense;
Un coupable, par eux, ne peut-il t'attendrir?
N'as-tu pas un trésor de grâce et de clémence?
Dieu de miséricorde, il est tems de l'ouvrir.

Où fuir, où me cacher, tremblante créature,
Si tu viens en courroux pour compter avec moi?
Que dis-je? Etre infini, dans toi je me rassure,
Et me sens trop heureux de compter avec toi.

L'homme seul est pour l'homme un juge inexo-
rable ;
Où l'esclave aurait-il appris à pardonner?
C'est la gloire du maître : absoudre le coupable
N'appartient qu'à celui qui le peut condamner.

Tu le peux, mais souvent tu veux qu'il te dé-
sarme :
Il te fait violence, il devient ton vainqueur :
Le combat n'est pas long, il ne faut qu'une larme;
Que de péchés efface une larme du cœur !

Non jamais, non, grand Dieu, tu nous l'as dit
toi-même ,
Un cœur humble et contrit ne sera méprisé;

Le mien l'est, tu le vois: tu reconnais qu'il t'aime;
Il est digne de toi , la douleur l'a brisé.

Si tu le ranimais de sa première flamme,
Que bientôt il aurait sa joie et sa vigueur!
Mais non, fais plus pour moi, renouvelle mon
                                        ame,
Et daigne, dans mon sein, former un nouveau
                                        cœur.

De mes crimes alors je te ferai justice,
Et ma reconnaissance armera ta rigueur;
Oui, tu peux me laisser le soin de mon supplice:
Je veux être, pour toi, mon juge et ton vengeur.

Le tourment est toujours au crime nécessaire,
J'ai ma grâce à ce prix, il la faut mériter:
Je te dois, je le sais, jo veux te satisiaire;
Mais donne-moi, grand Dieu, le tems de m'ac-
                                        quitter.

Plus heureux est celui que tu frappes en père:
Il connaît ton amour à ta sévérité;
Ici bas, quels que soient les coups de ta colère,
L'enfant que tu punis n'est point déshérité.

Coupe, brûle ce corps, mais épargne mon ame;
Frappe, fais-moi payer tont ce qui fut à toi;
Arme-toi, dans le tems, du fer et de la flamme,
Mais dans l'éternité, Seigneur, épargne-moi.

Quand j'aurais sous tes lois vécu depuis l'enfance,
Criminel en naissant, je ne dois que pleurer;
Pour me conduire à toi, la route est la souffrance:
Loi triste, route affreuse... Entrons sans mur-
                                        murer.

De la main de ton fils, j'accepte le calice :
Mais, hélas ! mais je sens ma main prête à trem-
bler :
De ce trouble honteux mon cœur est-il complice ?
Je suis le criminel, dois je donc reculer ?

C'est ton fils qui le tient, que ma foi se rallume :
Il l'a bu le premier, oserais-je en douter ?
Que dis-je ? il en a bu la plus grande amertume,
Il m'en laisse le reste, et je n'ose en goûter.

Je me jette à tes pieds, ô Croix, chaire sublime,
D'où le Dieu de douleurs instruit tout l'Univers;
Saint autel, où l'amour embrase la victime ;
Arbre où mon Rédempteur vient suspendre mes
fers.

Etendard de mon chef, qui marche à notre tête,
Tribunal où j'adore et mon juge et mon roi ;
Trône et char du vainqueur dont je suis la con-
quête,
Lit où je pris le jour, que j'expire sur toi !

Pour le premier Dimanche de Carême.

LE SALUT.

Air: *Mon cœur, en ce jour solennel.*

TRAVAILLEZ à votre salut :
Quand on le veut, il est facile ;
Chrétiens, n'ayez point d'autre but ;
Sans lui, tout devient inutile.
Sans le salut, pensez-y bien,
Tout ne vous servira de rien.

Oh ! que l'on perd en le perdant !

On perd le céleste héritage ;
Au lieu d'un bonheur si charmant,
On a l'Enfer pour son partage.

    Sans le salut, etc.

Que sert de gagner l'Univers,
Dit Jésus, si l'on perd son ame,
Et s'il faut, au fond des Enfers,
Brûler dans l'éternelle flamme ?

    Sans le salut, etc.

Rien n'est digne d'empressement,
Si ce n'est la vie éternelle ;
Tout le reste n'est qu'amusement,
Tout n'est que pure bagatelle.

    Sans le salut, etc.

C'est pour toute une éternité,
Qu'on est heureux ou misérable :
Que, devant cette vérité ,
Tout ce qui passe est méprisable !

    Sans le salut, etc.

Grand Dieu, que tant que nous vivrons,
Cette vérité nous pénètre !
Ah ! faites que nous nous sauvions,
A quelque prix que ce puisse être.

    Sans le salut, etc.

Pour le second Dimanche de Carême.

LA MORT.

Air : *Bénissez le Seigneur suprême.*

Nous passons comme une ombre vaine ,
Nous ne naissons que pour mourir.

Quand la mort doit-elle venir ?
    L'heure en est incertaine.

La mort, à tout âge, est à craindre.
Chaque pas conduit au tombeau ,
Tous nos jours ne sont qu'un flambeau
    Qu'un souffle peut éteindre.

Je vois un torrent en furie
Disparaître , après un moment ;
Hélas ! aussi rapidement
    S'écoule notre vie.

Dans nos jardins, la fleur nouvelle ,
Ne dure souvent qu'un matin ,
Tel est, mortels , votre destin :
    Vous passerez comme elle.

La mort doit tout réduire en poudre ,
Vous mourrez, superbes guerriers :
N'espérez pas que vos lauriers
    Vous sauvent de la foudre.

Vous qu'on adore sur la terre ,
Vous périrez , vaine beauté ;
Vous avez la fragilité ,
    Comme l'éclat du verre.

Vous qui faites trembler les autres,
Rois, arbitres de notre sort ,
Vous êtes sujets à la mort
    Ainsi que tous les vôtres.

Pourquoi donc cette attache extrême
    Aux biens, aux honneurs, aux plaisirs ?
Hélas ! tout ce qui doit finir
    Mérite-t-il qu'on l'aime ?

Que la mort peut être funeste,
Que ce passage est important !
C'est ce seul et fatal instant
    Qui décide du reste.

Ah ! tandis que tout m'abandonne,
Anges, ne m'abandonnez pas.
C'est du dernier de mes combats
    Que dépend ma couronne.

Et vous, ô Vierge débonnaire,
Venez ranimer mon ardeur :
Je suis un perfide, un pécheur,
    Mais vous êtes une mère.

Si je mérite tes vengeances,
Ah ! grand Dieu, regarde ton Fils ;
Il va t'offrir pour moi le prix
    De toutes ses souffrances.

C'est lui qui bannit nos alarmes
Dans ce redoutable moment ;
Quant on peut mourir en l'aimant,
    Que la mort a de charmes !

Pour le troisième Dimanche de Carême.

LE JUGEMENT GÉNÉRAL.

Air : *Partez, puisque Mars, etc.*

Dieu va déployer sa puissance ;
Le tems, comme un songe, s'enfuit.
Les siècles sont passés, l'éternité commence,
Le monde va rentrer dans l'horreur de la nuit.
    Dieu, etc.

J'entends la trompette effrayante ;
  Quel bruit! quels lugubres éclairs !
Le Seigneur a lancé la foudre étincelante,
Et ses feux dévorans embrasent l'Univers.

    J'entends, etc.

Les monts foudroyés se renversent,
  Les êtres sont tous confondus :
La mer ouvre son sein, les ondes se dispersent;
Tout est dans le chaos, et la terre n'est plus.

    Les monts, etc.

Sortez des tombeaux, ô poussière,
  Dépouille des pâles humains :
Le Seigneur vous appelle, il vous rend la lu-
                                    mière.
Il va sonder les cœurs, et fixer vos destins.

    Sortez, etc.

Il vient, tout est dans le silence;
  Sa Croix porte au loin la terreur :
Le pécheur, consterné, frémit à sa présence;
Et le juste lui-même est saisi de frayeur.

    Il vient, etc.

Assis sur un trône de gloire,
  Il dit: Venez, ô mes élus!
Comme moi vous avez remporté la victoire,
Recevez de mes mains le prix de vos vertus.

    Assis, etc.

Tombez dans le sein des abîmes,
  Tombez, pécheurs audacieux ;
De mon juste courroux, immortelles victimes,
Vils suppôts des Démons, vous brûlerez comme
                                    eux.

    Tombez, etc.

Vous n'êtes plu , vaines chimères ,
Objets d'un sacrilége amour :
Fléau du genre humain, oppresseurs de vos
frères ,
Héros, tant célébré, qu'êtes-vous dans ce jour ?
Vous n'êtes , etc.

Triste éternité de supplices,
Tu vas donc commencer ton cours ?
De l'heureuse Sion, ineffables délices,
Bonheur, gloire des Saints , vous durerez tou-
jours.
Triste éternité , etc.

Grand Dieu , qui sera la victime
De ton implacable fureur ?
Quel noir pressentiment me tourmente et m'op-
prime ?
La crainte et le remords me déchirent le cœur.
Grand Dieu, etc.

De tes jugemens, Dieu sévère,
Pourrai-je subir les rigueurs ?
J'ai péché, mais ton sang désarme ta colère;
J'ai péché , mais mon crime est éteint par mes
pleurs.
De tes jugemens, etc.

Pour le quatrième Dimanche de Carême.

L'ÉTERNITÉ.

Air : *Père de l'Univers , etc.*

QUELLE fatale erreur , quel charme nous entraîne !
Rien n'égala jamais notre stupidité;

Il est pour les pécheurs une éternelle peine ,
   Et nous aimons l'iniquité.

De Dieu, sur nos excés, voyant le long silence,
On croit qu'impunément on le peut offenser ;
Mais s'il exerce tard sa terrible vengeance ,
   Son tems viendra de l'exercer.

C'est après notre mort, que montrant sa justice,
Il sait rendre à chacun ce qu'il a mérité ;
Mais , soit qu'alors sa main récompense ou pu-
                       nisse ,
   C'est pour toute une éternité.

Devant Dieu , les damnés seront toujours cou-
                      pables ;
En mourant criminels, ils sont morts endurcis :
Il faut donc qu'en Enfer, des maux toujours
                      durables ,
   De tant de forfaits soient le prix.

La beauté du Seigneur , l'éternel héritage ,
Les plaisirs ravissans du céleste séjour,
Jamais, des réprouvés, ne seront le partage :
   Ils ont tout perdu sans retour.

O brasier de l'Enfer , ô flammes dévorantes ,
Qu'un Dieu, dans son courroux, ne cesse d'al-
                   lumer ,
Vous brûlez le pécheur, dans ces prisons ar-
                   dentes ,
   Hélas! mais sans le consumer.

Que la mort, pour toujours, leur semble dé-
                  sira le :
Ils voudraient n'être plus, pour cesser de souf-
                      frir ;

Mais c'est du Ciel, contr'eux, l'arrêt irrévo-
cable:
Souffrir toujours, jamais mourir.

Toujours, dans leurs tourmens, la même vio-
lence!
Non, ils n'espèrent point un état plus heureux:
Est-il, dans les Enfers, un rayon d'espérance ?
Toujours un désespoir affreux.

Un mal, quoique léger, nous semble insup-
portable,
Lorsque c'est pour long-tems qu'il nous faut
l'endurer ;
Mais l'Enfer est le mal le plus intolérable,
Et l'enfer doit toujours durer.

Après avoir souffert des millions d'années,
Et le plus long des tems que l'esprit peut penser,
Les damnés, loin de voir leurs peines terminées,
Les sentiront recommencer.

De ces peines sans fin, la pensée accablante,
Afflige leur esprit, sans cesser un moment:
L'éternité, pour eux, toute entière est présente:
L'éternité fait leur tourment.

Eternels hurlemens, tortures éternelles ;
Feux, brasiers éternels, éternelle fureur;
O peines de l'Enfer, que vous êtes cruelles;
Je le crois, et je suis pécheur !

O vous, cœurs obstinés, aveugles dans le crime,
Qui ne redoutez point les coups vengeurs des
Cieux,
Un jour, ensevelis dans l'éternel abîme,
Trop tard vous ouvrirez les yeux.

raignons , mortels , craignons ce gouffre formidable ,
ortons-en dans l'esprit un souvenir constant :
e vice alors , pour nous , n'aura plus rien
d'aimable ,
La vertu , rien de rebutant.

rand Dieu , Dieu tout-puissant , terrible en
vos vengeances ,
urifiez nos cœurs avant notre trépas :
upez , brûlez , tranchez , punissez nos offenses ;
Pour toujours ne nous perdez pas.

Pour le Dimanche de la Passion.

LES MYSTÈRES DE LA PASSION DU SAUVEUR.

Air: *Que ne suis-je la fougère.*

AU sang qu'un Dieu va répandre ,
Ah ! mêlez du moins vos pleurs ,
Chrétiens qui venez entendre
Le récit de ses douleurs.
Puisque c'est pour vos offenses
Que ce Dieu souffre aujourd'hui ,
Animés par ses souffrances ,
Vivez et mourez pour lui.

Dans un jardin solitaire ,
Il sent de rudes combats ;
Il prie, il craint, il espère ;
Son cœur veut et ne veut pas :
Tantôt la crainte est plus forte ,
Et tantôt l'amour plus fort.
Mais enfin , l'amour l'emporte ,
Et lui fait choisir la mort.

Judas, que la fureur guide,
L'aborde d'un air soumis ;
Il l'embrasse, et ce perfide
Le livre à ses ennemis.
Judas, un pécheur t'imite,
Quand il feint de l'appaiser :
Souvent, sa bouche hypocrite
Le trahit par un baiser.

On l'abandonne à la rage
De cent tigres inhumains ;
Sur son aimable visage
Les soldats portent leurs mains.
Vous devi z, Anges fidelles,
Témoins de ses attentats,
Ou le mettre sous vos ailes,
Ou frapper tous ces ingrats.

Ils le traînent au Grand-Prêtre,
Qui seconde leur fureur,
Et ne veut le reconnaître
Que pour un blasphémateur.
Quand il jugera la terre,
Ce Sauveur aura son tour ;
Aux éclats de son tonnerre
Tu le connaîtras un jour.

Tandis qu'il se sacrifie,
Tout conspire à l'outrager :
Pierre lui-même l'oublie,
Et le traite d'étranger ;
Mais Jésus perce son ame
D'un regard tendre et vainqueur,
Et met, d'un seul trait de flamme,
Le repentir dans son cœur.

Chez Pilate, on le compare

Au dernier des scélérats:
Qu'entends-je ? ô peuple barbare,
Tes cris sont pour Barrabas.
Quelle indigne préférence!
Le juste est abandonné ;
On condamne l'innocence ,
Et le crime est pardonné.

On le dépouille , on l'attache :
Chacun arme son courroux :
Je vois cet agneau sans tache
Tombant presque sous les coups.
C'est à nous d'être victimes :
Arrêtez , cruels bourreaux !
C'est pour effacer vos crimes,
Que son sang coule à grands flots.

Une couronne cruelle
Perce son auguste front :
A ce chef, à ce modèle ,
Mondains , vous faites affront.
Il languit dans les supplices ;
C'est un homme de douleurs :
Vous vivez dans les délices ,
Vous vous couronnez de fleurs.

Il marche, il monte au Calvaire,
Chargé d'un infame bois :
De-là , comme d'une chaire,
Il fait entendre sa voix.
Ciel , dérobe à la vengeance
Ceux qui m'osent outrager.
C'est ainsi , quand on l'offense ,
Qu'un chrétien doit se venger.

Une troupe mutinée
L'insulte et crie à l'envi :

S'il changeait sa destinée,
Nous croirions tous en lui.
Il peut la changer sans peine,
Malgré vos nœuds et vos clous ;
Mais le nœud qui seul l'enchaîne,
C'est l'amour qu'il a pour nous.

Ah ! de ce lit de souffrance,
Seigneur, ne descendez pas ;
Suspendez votre puissance,
Restez-y jusqu'au trépas ;
Mais tenez votre promesse,
Attirez-nous après vous ;
Pour prix de votre tendresse,
Puissions-nous y mourir tous.

Il expire, et la nature,
Dans lui, pleure son auteur ;
Il n'est point de créature
Qui ne marque sa douleur.
Un spectacle si terrible
Ne pourra-t-il me toucher,
Et serai-je moins sensible
Que n'est le plus dur rocher ?

Pour le Dimanche des Rameaux.

MÊME SUJET,

Air : *Grâce, grâce, Seigneur.*

JÉSUS AU JARDIN DES OLIVES.

Est-ce vous que je vois, ô mon Maître adorable,
Pâle, abattu, sanglant, victime de douleurs ?

Fallait-il, à ce prix, racheter un conpable,
Qui même, à votre sang, ne mêla pas ses pleurs?

JÉSUS TRAHI.

Judas vous livre aux Juifs, dans sa fureur ex-
ttême ;
Peut-il, à cet excès, le traître, vous hair ?
Comme lui, mille fois, je dis que je vous aime,
Et je ne rougis pas, ingrat, de vous trahir.

JÉSUS PRIS.

On vous charge de fers, innocente victime,
Peuple, et Prêtres, et Roi, tous s'arment contre
vous:
Si le ciel est si lent à venger un tel crime,
C'est votre amour, Jésus, qui suspend son cour-
roux.

JÉSUS MOQUÉ.

On vous couvre d'affronts, on vous raille, on
vous frappe ;
Mépris, soufflets, crachats, rien ne peut vous
aigrir:
Nul murmure secret, nul mot ne vous échappe,
Et moi, sans éclater, je ne puis rien souffrir.

JÉSUS FLAGELLÉ.

O barbare fureur, dans son sang un Dieu nage ;
Sur lui, mille bourreaux s'acharnent tour à tour,
Ils redoublent leurs coups, ils épuisent leur
rage,
Mais rien ne peut jamais affaiblir son amour.

JÉSUS COURONNÉ D'ÉPINES.

Quand je vois mon Sauveur, mon chef et mon
modèle,
14..

Ceint d'un bandeau sanglant d'épines et de dou-
leurs ;
Combien dois-je rougir, lâche, infame, infidelle,
D'aimer à me plonger dans le sein des douceurs ?

JÉSUS CRUCIFIÉ.

Quel spectacle effrayant ! ô ciel, quelle justice !
Jésus, quoiqu'innocent, en croix meurt attaché ;
Un Dieu juste, un Dieu bon, ordonne ce sup-
plice ;
Jugez de là, mortels, quel mal est le péché !

JÉSUS ÉLEVÉ EN CROIX.

Votre Fils expirant, entre vous et la terre,
Est comme un mur, grand Dieu ! qui pare à
tous vos coups ;
S'il vous plaît de nous perdre, il faut que le
tonnerre
Frappe ce Fils chéri pour venir jusqu'à nous.

RÉFLEXION.

Tu le vois mort, pécheur, ce Dieu qui t'a fait
naître ;
Sa mort est ton ouvrage, et devient ton appui ;
A ce trait de bonté tu dois au moins connaître,
Que s'il est mort pour toi, tu dois vivre pour
lui.

CONCLUSION.

O victime d'amour ! ô noble sacrifice !
O sanglante agonie ! ô cruelles rigueurs !
O trépas bienheureux ! salutaire supplice,
Vous serez à jamais l'entretien de nos cœurs.

Pour le jour de Pâques.

LA RÉSURRECTION DE JÉSUS-CHRIST.

Air de la fanfare de Saint Cloud.

CESSE tes concerts funèbres ;
Le jour qu'attendait ta loi,
Du sombre sein des ténèbres,
O Sion, paraît pour toi.
Ton Dieu, maître des miracles,
Par un prodige nouveau,
Pour accomplir ses oracles,
Sort vainqueur de son tombeau.

Allez, Apôtres timides,
De Jésus ressuscité,
Devant ces juges perfides
Prêcher la Divinité ;
Parlez.... qu'aujourd'hui les traîtres
Apprennent en frémissant,
Que le Dieu de leurs ancêtres
Est le seul Dieu tout-puissant.

Sa gloire était moins brillante,
Et jetait bien moins d'effroi
Sur la montagne brûlante
Où sa main grava sa loi.
La victoire le couronne,
La Croix devance ses pas ;
D'un bras vengeur, à son trône,
Il enchaîne le trépas.

Est-ce une force étrangère,
Sensible à notre douleur,
Qui rend le Fils à son Père,

A la terre son Sauveur ?
Non, de ses mains invincibles,
Lui même, et sans nul effort,
Brise les portes terribles
De l'Enfer et de la mort.

En vain, peuple déicide,
Tu fais sceller son tombeau :
De ta présence stupide,
Il rit, et brise ton sceau.
Etendu sur la poussière,
Ton satellite cruel,
Attend qu'un coup de tonnerre
L'écrase et venge le Ciel.

Enfin rentrez en vous-mêmes,
Cœurs barbares et jaloux ;
Craignez les rigueurs extrêmes
D'un juge armé contre vous ;
Changez : tout pécheur qui change,
Sans retour n'est point proscrit :
Ce Dieu juste qui se venge,
Est un Dieu qui s'attendrit.

Loin de consommer ton crime
Par l'horreur du désespoir,
Gémis.... ingrate Solime.....
Un soupir peut l'émouvoir :
Bien plus doux qu'il n'est à craindre,
Pécheurs, s'il tonne sur vous,
Une larme peut éteindre
Tous les feux de son courroux.

Doutez vous de sa tendresse ?
Il vous a donné son cœur,
Il vous invite, il vous presse
D'avoir part à son bonheur,

Volez, hâtez-vous de suivre
Votre guide, votre appui ;
Mais sachez qu'il faut revivre,
Pour triompher avec lui.

Pour le Dimanche de Quasimodo.

INVITATION AUX ENFANS QUI DOIVENT FAIRE LEUR
PREMIÈRE COMMUNION.

Air : *Dans cette étable.*

Troupe innocente
D'enfans chéris des Cieux ,
Dieu vous présente
Son festin précieux.
Il veut, ce doux Sauveur,
Entrer dans votre cœur.
Dans cette heureuse attente ,
Soyez pleins de ferveur ,
Troupe innocente.

Acte de Foi et d'Adoration.

Mon divin Maître,
Par quel amour , comment
Daignez-vous être
Dans votre Sacrement ?
Vous y venez pour moi:
Plein d'une vive foi ,
J'y viens vous reconnaître
Pour mon Sauveur, mon Roi,
Mon divin Maître.

Acte d'Humilité.

Dieu de puissance !

Je ne suis qu'un pécheur :
Votre présence
Me remplit de frayeur ;
Mais, pour voir effacés
Tous mes péchés passés,
Un seul trait de clémence,
Un mot seul est assez,
Dieu de puissance !

Acte de Contrition.

Mon tendre Père,
Acceptez les regrets
D'un cœur sincère,
Honteux de ses excès :
Vous m'en verrez gémir
Jusqu'au dernier soupir ;
Avant de vous déplaire,
Puissé je ici mourir,
Mon tendre Père !

Acte d'Amour.

Plus je vous aime,
Plus je veux vous aimer,
O bien suprême,
Qui seul peut me charmer ;
Mais, ô Dieu plein d'attraits,
Quand, avec vos bienfaits,
Vous vous donnez vous même,
Plus en vous je me plais,
Plus je vous aime.

Acte de Désir.

Que je désire
De ne m'unir qu'à vous !
Que je soupire

Après un bien si doux!
Oh! quand pourra mon cœur
Goûter tout le bonheur
D'être sous votre empire?
Hâtez-moi la faveur
    Que je désire.

Pour le deuxième Dimanche après Pâques.

L'AMOUR DE JÉSUS PAR-DESSUS TOUTES CHOSES.

Air : *Que le soleil dans la plaine.*

Que Jésus est un bon Maître,
Et qu'il est doux de l'aimer!
Bienheureux qui sait connaître
Combien il peut nous charmer!
    Divin Sauveur,
    Beauté suprême,
    Oui, je vous aime,
    Divin Sauveur!
Je vous aime, je vous aime
    De tout mon cœur,
    De tout mon cœur.   *Fin.*

Mettons-nous sous son empire,
Soyons à lui pour jamais,
Et que notre ame n'aspire
Qu'à goûter ses saints attraits.
    Divin, etc.

Sans Jésus rien ne peut plaire,
Tout est dur, tout est amer;
Tout est disgrace, misère,
Désespoir, tourment, enfer.
    Divin, etc.

Avec lui, tout est délices,
Tout est source de douceur,
Tout est avant-goût, prémices
Du séjour de son bonheur.

    Divin, etc.

Avec lui, de l'indigence
L'on ne craint point les rigueurs;
Avec lui, de l'opulence
L'on dédaigne les faveurs.

    Divin, etc.

Il est seul, et ma richesse,
Et mon bien et mon trésor;
Et je prise sa tendresse
Plus que tout l'éclat de l'or.

    Divin, etc.

Aimer le monde est folie :
L'homme qui s'attache à lui,
Tel qu'un faible roseau, plie
Et tombe avec son appui.

    Divin, etc.

Mais le sage véritable,
Dont Jésus est le recours,
Fut toujours inébranlable,
Sous l'abri de son secours.

    Divin, etc.

La faveur du monde passe
Aussi prompte que le tems,
Et de longs jours de disgrace
Suivent ses premiers instans.

    Divin, etc.

De Jésus, l'amour fidelle,

Ne trompa jamais nos vœux ;
Une foi toujours nouvelle,
En serre à jamais les nœuds.

    Divin, etc.

De l'amour dont Jésus aime,
Rien ne peut rompre le cours ;
Et l'instant de la mort même,
L'unit à nous pour toujours.

    Divin, etc.

Mais les amitiés mortelles,
Fussent-elles un sort doux,
Nous périssons avec elles ;
Elles meurent avec nous.

    Divin, etc.

Contre nous la force humaine
Portât-elle tous ses coups,
Que pourrait toute sa haine,
Si Jésus était pour nous ? . . . . .

    Divin, etc.

L'univers et ses idoles,
En vain m'offrent un soutien ;
Leurs appuis sont tous frivoles,
Si Jésus m'ôte le sien. . . . . .

    Divin, etc.

Mais Jésus veut qu'on le serve
Sans relâche et sans langueur,
Et ne souffre ni réserve
Ni partage dans un cœur. . . . .

    Divin, etc.

Plus ce Dieu d'amour nous aime,
Plus devons-nous, par retour,
Quitter et tout, et nous mêmes,
Pour être à son seul amour.

Divin, etc.

Pour le troisième Dimanche après Pâques

MOTIFS D'AIMER DIEU.

Air: Que j'aime à voir les hirondelles.

DANS ses désirs insatiable,
Si mon cœur est fait pour aimer,
Un objet immense, immuable,
Est seul digne de le charmer.
Quand l'Univers le laisse vide,
Qu'à son Dieu seul il soit uni;
Et de bonheur toujours avide,
Qu'il se perde dans l'infini.

Une inquiétude importune
Me fait chercher l'art d'être heureux;
Plaisirs, grandeurs, talens, fortune,
Jamais ne rempliront mes vœux.
Tous les dons de la créature,
Sont les bienfaits du Créateur;
Et tout dit que, dans la nature,
Rien ne peut valoir son Auteur.

Grand Dieu, ta suprême puissance
Étonne, confond les mortels.
Ah! c'est sur-tout à ta clémence
Qu'ils doivent dresser des autels.
Pour eux, ta main créa le monde,
Et daigne encore le conserver;
Mais ta bonté la plus profonde,
Fut de mourir pour le sauver.

O mystère grand et sublime ,
Dont l'esprit est épouvanté !
Mais le cœur y trouve un abîme
De tendresse et de charité.
Du Sauveur le corps adorable ,
Qui s'est fait victime pour moi ,
Devient une manne ineffable
Qui nourrit mon ame et ma foi.

Ainsi la nature féconde ,
Chaque jour, m'offre son tribut :
Ainsi la grâce me seconde ,
M'ouvrant les routes du salut.
C'est trop peu que la jouissance
Des biens que l'on goûte ici bas :
Le bonheur de mon existence ,
Doit commencer à mon trépas.

Seigneur, dont la bonté propice
Me comble de tant de faveurs ,
Sans la plus coupable injustice ,
Puis-je te refuser mon cœur ?
Que de tes dons l'ame ravie ,
Je les médite nuit et jour !
Fais que je t'aime , et que ma vie
Cesse plutôt que mon amour.

Pour le quatrième Dimanche après Pâques.

DIVERS SENTIMENS DE PIÉTÉ.

Air : *O toi, qui n'eus jamais dû naître.*

Puisque mon cœur sensible et tendre,
A l'amour ne peut résister ;

Loin de vouloir le lui défendre,
Je veux chercher à l'augmenter :
Mais ce n'est qu'à l'Etre suprême
Que je consacre mon ardeur ;
Aimer mon Dieu , plus que moi-même,
Voilà ma gloire et mon bonheur.

Disparaissez, cendre et poussière,
Vains objets, je m'arrache à vous :
Dieu veut mon ame toute entière,
Il a droit d'en être jaloux ;
C'est à régner qu'il me destine,
Il est mon père, il est mon roi.
Fier d'une si noble origine,
Je vois tout au-dessous de moi.

O ciel, ô terre, ô mer féconde !
Astres, fleurs, plantes, animaux,
Qui faites l'ornement du monde,
Nos êtres sont bien inégaux :
Vous existez tous sans connaître
La main de votre créateur ;
L'homme seul, adorant son maître,
L'honore en lui donnant son cœur.

Que dis-je ? hélas! dans ce partage,
Si je suis beaucoup plus aimé,
Je dois rougir de l'avantage
Que j'ai sur l'être inanimé.
Sans connaissance , mais sans crime,
A son auteur il est soumis,
Et je ne puis sonder l'abîme
De tous les maux que j'ai commis.

O monstre affreux d'ingratitude!
Un Dieu saint, juste et tout-puissant,
Par le supplice le plus rude,

Ne te punit que faiblement :
Oui, dans l'enfer, lieu de misère,
Gouffre d'une éternelle horreur,
S'il te fait sentir sa colère,
Il te fit goûter sa douceur.

L'enfer.... voilà le sort terrible
Qui m'attend après mon trépas !
O ciel, êtes-vous inflexible ?
Mes pleurs ne vous touchent-ils pas ?
Qu'entends-je ? une voix favorable
Me promet un libérateur,
Qui ne pouvant être coupable,
Prendra la forme d'un pécheur.

Verbe divin, Dieu par essence,
Egal au père en dignité,
Le terme de sa connaissance,
Engendré dans l'éternité,
Par un mystère inexplicable
Que l'on honore par la foi,
Sans perdre votre Etre adorable,
Vous vous rendez semblable à moi.

Bannissons de nos cœurs la crainte,
Le Seigneur n'est plus irrité ;
Le sang de la victime sainte
Est un garant de sa bonté.
Son Fils nous le rendit propice,
Lorsqu'il consentit à mourir,
Et sa formidable justice
Ne trouve plus rien à punir.

Mais quel noir retour de tristesse
Me force à répandre des pleurs !
Grand Dieu, pourquoi votre tendresse
Nous comble en vain de ses faveurs ?

L'homme, par le plus grand des crimes,
Court après des Dieux imposteurs;
Il leur immole des victimes,
Et rend hommage à ses erreurs.

Vos desseins sont impénétrables;
Peut-on y penser sans frayeur ?
Aussi terribles qu'équitables,
Adorons-en la profondeur :
Qu'ai-je fait? et par quel mérite
Ai-je trouvé grâce à vos yeux ?
C'est votre bonté gratuite
Qui se plaît à me rendre heureux.

Vous me rendez mon innocence :
J'étais pécheur, même en naissant;
Par un amour de préférence,
Vous m'adoptez pour votre enfant :
Vous me placez dans votre Eglise,
Où, détestant la nouveauté,
Mon ame en paix, humble et soumise,
Se nourrit de la vérité.

Je tremble et tombe en défaillance,
Vous voulez entrer dans mon cœur:
Pourquoi craindrais-tu ma présence,
Me dites vous avec douceur ?
Je m'accomode à ta faiblesse,
Je te voile ma majesté :
Viens à moi, mon amour me presse
De faire ta félicité.

Je sens toute mon impuissance
A reconnaître ce bienfait:
Pour payer un amour immense,
Je n'ai qu'un amour imparfait,

O feu sacré, divine flamme,
Qu'attendez - vous pour m'enflammer ?
Je livre à vos ardeurs mon ame,
Hâtez-vous de la consumer.

Pour le cinquième Dimanche après Pâques.

L'ÉGLISE MILITANTE ET L'ÉGLISE TRIOMPHANTE.

Air : Or, nous dites, Marie.

D.   Du séjour de la gloire,
    Bienheureux, dites nous,
    Après votre victoire,
    Quels biens possédez-vous ?

R.   Ces biens sont ineffables ;
    Le cœur n'a point compris
    Quels trésors admirables
    Dieu garde à ses amis.

D.   Martyrs, dont le courage
    Triompha des bourreaux,
    Quel est votre partage
    Après de si grands maux ?

R.   Tous, la couronne en tête
    Et la palme en nos mains,
    Nous chantons la conquête
    Du Sauveur des humains.

D.   Docteurs, fameux oracles,
    Interprètes des Cieux,
    Par quels nouveaux miracles
    Dieu frappe-t-il vos yeux ?

R.   Ah ! quel bonheur extrême,

D'aller en sûreté,
Dans le sein de Dieu même,
Puiser la vérité.

D. Vous , humbles Solitaires,
Que l'Egypte a produits ,
De vos jeûnes austères
Quels sont enfin les fruits ?

R. Pour tous nos sacrifices
Et nos saintes rigueurs ,
Un torrent de délices ,
Vient inonder nos cœurs.

D. Vous, Epouses fidelles
Du plus fidelle Epoux,
Pour des ardeurs si belles,
Quels plaisirs goûtez-vous ?

R. Epouses fortunées ,
Nous pouvons en tous lieux,
De roses couronnées ,
Suivre l'Agneau de Dieu.

D. Vous qui, du riche avare,
Eprouviez les froideurs ,
Compagnons du Lazare ,
Quelles sont vos douceurs ?

R. Nous mangeons à la table
Du Roi de l'Univers ;
Le riche impitoyable,
Est au fond des Enfers.

D. Et vous, qu'un pain de larmes
Nourrissait chaque jour,
Quels sont pour vous les charmes
Du céleste séjour ?

R.   Une main secourable
       Daigne essuyer nos pleurs ;
       Un repos désirable
       Succède à nos douleurs.

D.   Mais quelle est la durée
       D'un si charmant repos ?
       Dieu l'a-t-il mesurée
       Sur celle de vos maux ?

R.   Dieu qui , de nos souffrances ,
       Abrégea les momens ,
       Veut que ses récompenses
       Durent dans tous les tems.

D.   Ah ! daignez nous apprendre ,
       En cet exil cruel ,
       Quelle route il faut prendre
       Pour arriver au ciel ?

R.   Si vous voulez nous suivre ,
       Marchez en combattant ,
       Et sans cesser de vivre ,
       Mourez à chaque instant.

D.   Mais la peine est extrême ;
       Comment vivre toujours
       En guerre avec soi-même ,
       Et mourir tous les jours ?

R.   Si la route est fâcheuse ,
       Le trône est plein d'appas ;
       Une couronne heureuse
       Pour de légers combats.

Pour le jour de l'Ascension.

Air : *Eh! quoi, tout sommeille.*

Portes éternelles,
Voûtes immortelles,
  Dans ce grand jour,
Ouvrez votre séjour.
Le Dieu de puissance,
D'amour, de clémence,
  Dans sa splendeur,
Vient rentrer en vainqueur.   *Fin.*

  Le noir abîme,
La mort, sa victime,
Le monde, le crime,
Domptés par ses mains ;
  La guerre éteinte,
La demeure sainte,
Ouverte aux humains,
Sont ses faits divins.

    Portes, etc.

  Déjà, sous les yeux
D'un peuple fidelle,
S'asseyant sur l'aile
Des vents qu'il appelle,
  Ce Roi glorieux,
Vole victorieux
Aux sublimes lieux.....
Triomphez, Cieux!

    Portes, etc.

Célèbre sa victoire,
  Céleste cité :

Chante sa gloire ,
Qui fait ta beauté.
A lui seul , chœurs des Anges ,
Offrez à jamais,
Et vos louanges ,
Et vos chants de paix.

Portes , etc.

Et vous, que son absence
Tient dans la souffrance ,
Mortels , consolez-vous ,
Son bonheur peut être pour tous.
Son esprit saint , sa grâce,
Ses douces faveurs ,
Tiendront sa place ;
Rempliront vos cœurs :
Si vous brûlez des flammes
De son feu divin ,
Un jour vos ames
Iront dans son sein.

Portes , etc.

Pour le Dimanche dans l'Octave de l'Ascension.

DÉSIRS DE RECEVOIR LE SAINT-ESPRIT.

Air : *Où vont tous ces peuples épars ?*

Quel feu s'allume dans mon cœur ?
Quel Dieu vient habiter mon ame ?
À son aspect consolateur,
Et je m'éclaire et je m'enflamme.
Je t'adore , Esprit créateur.
Parais , Dieu de lumière ,   (*bis.*)
Et viens renouveler la face de la terre.

Je vois mille ennemis divers ,
Conjurer ma perte éternelle ;
J'entends tous leurs complots pervers :
Dieu, romps leur trame criminelle :
Qu'ils retombent dans les Enfers.

  Parais , etc.

Quels sont ces profanes accens ,
Ces ris et ces pompeuses fêtes ?
De Baal ce sont les enfans ;
De fleurs ils couronnent leurs têtes
Que va frapper la faulx du Tems.

  Parais , etc.

Voyez comme les insensés
Dansent sur leur tombe entr'ouverte!
La mort les suit à pas pressés :
En riant, ils vont à leur perte.
Dieu regarde..... ils sont dispersés.

  Parais, etc.

Quoi! pour un moment de plaisir ,
Mon Dieu, j'oublîrais ta Loi sainte !
Dans l'égarement du désir ,
Je pourrais vivre sans ta crainte !
Non, mon Dieu ; non, plutôt mourir.

  Parais , etc.

Un jour plus pur luit à mes yeux ;
Dieu de clarté , je t'en rends grace.
Je vois fuir l'Esprit ténébreux ;
La Foi, dans mon cœur, prend sa place :
Tous mes désirs sont pour les Cieux.

  Parais, etc.

Chrétien par amour et par choix ,
Et fier de ton ignominie ,

Je t'embrasse , ô divine Croix ,
Je t'embrasse avec ta folie ,
Dont j'osai rougir autrefois.
     Parais , etc.

Loin de moi , vains ajustemens ;
A mon Dieu vous faites injure :
Délice des cœurs innocens ,
Que la pudeur soit ma parure.
Esprit Saint , garde tous mes sens.
     Parais , etc.

Si , quelques momens égaré ,
Je te fuyais , beauté divine ,
Allume en mon cœur déchiré ,
Allume une guerre intestine ;
De remords qu'il soit dévoré.
     Parais , etc.

Ah ! plutôt , règne , Dieu d'amour ,
Sur ce cœur devenu ton temple ;
Que je t'honore dès ce jour ;
Que mon œil charmé te contemple
Dans l'éclat du divin séjour.
     Parais , etc.

Pour le jour de la Pentecôte.

Air connu.

Esprit saint , comblez nos vœux ,
    Embrasez nos ames
    Des plus vives flammes ;
Esprit Saint , comblez nos vœux ,
    Embrasez nos ames
    De vos plus doux feux.   Esprit , etc.

Seul auteur de tous les dons ,
De vous seul nous attendons
    Tout notre secours ,
    Dans ces saints jours.   Esprit, etc.

Sans vous, en vain du don des Cieux
    Les rayons précieux
    Brillent à nos yeux ;
    Sans vous, notre cœur
    N'est que froideur.   Esprit, etc.

Voyez notre aveuglement ,
Nos maux, notre égarement ;
    Rendez-nous à vous ,
    Et changez-nous.   Esprit, etc.

Sur nos esprits, Dieu de bonté ,
    Répandez la clarté
    Et la vérité ;
    Préparez nos cœurs
    A vos faveurs.   Esprit, etc.

Donnez-nous ces purs désirs ,
Ces pleurs saints, ces vrais soupirs ,
    Qui des grands pécheurs
    Changent les cœurs.   Esprit, etc.

Donnez-nous la docilité ,
    Le don de pureté
    Et de piété ;
    L'esprit de candeur
    Et de douceur.   Esprit, etc.

Etouffez notre tiédeur ,
Réchauffez notre ferveur ,
    Rassurez nos pas
    Dans nos combats.   Esprit, etc.

Sanctifiez nos jours naissans ,
Et nos jours florissans ,
Et nos derniers ans ;
Que tous nos instans
Soient innocens.   Esprit , etc.

Pour le même jour.

Air : *Marche des Samnites.*

Dieu d'amour ,
En ce jour ,
Viens et descends dans mon ame ;
Oui , viens : mon ame est à toi sans retour.
Dieu d'amour , etc.
Mon cœur qui te réclame ,
Abjure ses erreurs ,
Et désire , esprit de flamme ,
Brûler de tes saintes ardeurs.

Mon cœur , etc.

Ah ! pourquoi ,
Loin de toi ,
Cherché-je un bonheur frivole ?
On ne peut être heureux que sous ta loi.
Ah ! pourquoi , etc.
C'est-elle qui console
Les vrais adorateurs ;
Appuyés sur ta parole ,
Ils sont au-dessus des malheurs.

C'est elle , etc.

Il est tems ,
Je me rends ;
Seigneur , ta bonté m'enchante :

Mon cœur se livre aux plus doux sentimens.
Il est tems , etc.
Sous ta loi bienfaisante ,
Si tu veux, ô mon Dieu,
Fixer mon ame inconstante ,
Viens l'y graver en traits de feu.
Sous ta loi , etc.

Si jamais
J'oubliais
La loi que tu m'as tracée ,
Je m'abandonne à tes justes arrêts.
Si jamais , etc.
Que ma langue glacée
S'attache à mon palais ,
Et que mon ame lassée
Ne trouve ni repos, ni paix.
Que ma langue, etc.

Pour le même jour.

Air : *Mon cœur , en ce jour solennel.*

QUELLE nouvelle et sainte ardeur ,
En ce jour transporte mon ame ?
Je sens que l'esprit créateur
De son feu tout divin m'enflamme ;
C'en est fait , je ne crains plus rien ,
L'esprit de force est mon soutien.

Il faut , dans un noble combat ,
Pour vous, Seigneur, que je m'engage ;
Vous m'avez fait votre soldat ;
Vous m'en donnerez le courage.

C'en est fait , etc.

Du salut , le signe sacré ,

Arme mon front pour ma défense ;
Devant lui , l'enfer conjuré
Perdra sa funeste puissance.

    C'en est fait , etc.

Seigneur , à vos aimables lois ,
Le grand nombre serait rebelle ,
Que mon cœur, constant dans son choix ,
Y serait encor plus fidelle.

    C'en est fait, etc.

Le mépris d'un monde insensé
Pourrait-il m'alarmer encore ?
Loin de m'en trouver offensé,
Je sens aujourd'hui qu'il m'honore.

    C'en est fait, etc.

Dans sa fureur, l'impiété
Veut me ravir le Dieu que j'aime ;
Je veux , fort de la vérité ,
Lui dire toujours anathême.

    C'en est fait , etc.

On a vu de faibles agneaux ,
Triompher de l'aveugle rage
Et des tyrans et des bourreaux ;
Faible comme eux, Dieu m'encourage.

    C'en est fait , etc.

Enfant des généreux martirs ,
Puissé-je égaler leur constance ,
Et trouver mes plus doux plaisirs,
Au sein même de la souffrance !

    C'en est fait , etc.

A la mort fallut-il s'offrir,

Ou perdre, hélas! mon innocence,
Grand Dieu! je consens à mourir;
Ne souffrez pas que je balance.
C'en est fait, etc.

Autre.

LES SEPT DONS DU SAINT-ESPRIT.

Air : *Du serin qui te fait envie , etc.*

LA SAGESSE.

Du bonheur on parle sans cesse ;
Mais où se trouvent les heureux ?
Les hommes prêchent la sagesse,
Mais la sagesse fuit loin d'eux.
Sûr du bonheur, quand on est sage,
Je veux aussi le devenir :
Avoir la sagesse en partage,
C'est aimer Dieu , c'est le servir.

LA SCIENCE.

Connaître Dieu, se bien connaître,
Voilà tout ce qu'il faut savoir ;
De ses penchans on devient maître,
On est esclave du devoir.
Ayons tous cette connaissance ;
Elle est pour nous le plus grand bien.
Quand on n'a pas cette science ,
En sachant tout, on ne sait rien.

L'INTELLIGENCE.

Don précieux d'intelligence,
Accompagnez toujours ma foi ;
Je n'ai besoin d'autre science ,
Que de bien comprendre la loi.

Cette loi si pure et si sainte ,
Mille fois heureux qui la suit !
O loi, que, dans mon cœur empreinte ,
Je te médite jour et nuit.

LE CONSEIL.

Esprit-Saint, j'ignore la route
Qu'il faut suivre pour me sauver:
Souvent je balance et je doute ,
Je marche et ne puis arriver.
Sans cesse l'ennemi m'assiége ;
La crainte agite mon sommeil ,
De tous côtés ce n'est que piége ;
Esprit-Saint , soyez mon conseil.

LA PIÉTÉ.

O piété , quels sont tes charmes !
Tu remplis seule nos désirs ;
Par toi, nous sont douces les larmes,
Et nos devoirs font nos plaisirs.
C'est par ton pouvoir ineffable
Que la vertu nous sait charmer ;
Puisque tu nous rends tout aimable ,
Comment peut-on ne pas t'aimer ?

LA FORCE.

Divin Esprit, esprit de force ,
Je ne veux d'autre appui que toi :
Qu'il règne un éternel divorce
Entre tes ennemis et moi.
Des monstres cherchent à m'abattre ,
Je veux, par toi, les étouffer :
Le monde vient pour me combattre ,
Par toi, je veux en triompher.

LA CRAINTE.

Seigneur, votre volonté sainte
Est souvent, pour nous, sans appas ;
Juste, vous inspirez la crainte,
Et souvent on ne vous craint pas.
On craint le monde, on est à plaindre :
Que peut-il pour ou contre nous ?
Grand Dieu ! que j'apprenne à vous craindre,
A ne craindre même que vous.

Pour le jour de la Sainte Trinité.

LE MYSTÈRE.

Air : *O mon Dieu, que votre loi sainte.*

O TOI qu'un voile épais nous cache,
Indivisible Trinité,
Lumière éternelle et sans tache,
Nous adorons ta majesté.

En Dieu, seul saint, seul adorable,
O que de gloire et de grandeur !
O quel abîme impénétrable,
Et de richesse et de splendeur !

Confondez-vous, raison humaine,
Sur cet objet fermez les yeux :
La beauté de Dieu souveraine,
Ne peut se voir que dans les Cieux.

Le Père, admirant sa sagesse,
Engendre un fils qui le chérit :
De leur mutuelle tendresse
L'Esprit-Saint est l'auguste fruit.

Le Père, en nous donnant la vie,
Nous la conserve à chaque instant ;
Le Saint-Esprit nous sanctifie,
Par les feux qu'en nous il répand.

Egal en tout à Dieu son Père,
Dieu le Fils, le Verbe éternel,
Pour soulager notre misère,
A daigné se faire mortel.

Enfans soumis, rendons hommage
A la divine Trinité ;
Son nom saint est pour nous le gage
De l'heureuse immortalité.

Pour le second Dimanche après la Pentecôte.

Fête du Saint Sacrement.

LE MYSTÈRE.

Air : *Des Pélerins de Saint-Jacques.*

CHANTONS le Mystère adorable
De ce grand jour ;
Chantons le don inestimable
Du Dieu d'amour.
A seconder nos saints accords
Que tout s'empresse ;
Qu'au loin tout éclate en transports
D'une vive alégresse,

Que l'éclat, la magnificence
Ornent ces lieux ;
Que tout adore la présence
Du Roi des Cieux ;

Que pour répondre à ses faveurs,
    Sur son passage,
Nos voix, nos ames et nos cœurs,
    Lui rendent leur hommage.

Ce Dieu, toujours plein de tendresse
    Pour les mortels,
S'immole, en leur faveur, sans cesse
    Sur nos autels.
Peu content d'un bienfait si doux,
    L'amour l'engage
A se donner lui-même à nous,
    Souvent, et sans partage.

Honneur, amour, louange et gloire
    Au Dieu sauveur !
Qu'à jamais vive sa mémoire
    Dans notre cœur.
Aimons-le sans fin, sans retour,
    Plus que nous-même ;
Et payons son excès d'amour,
    Par un amour extrême.

Consacrez-lui vos voix naissantes,
    Tendres enfans,
Et de vos ames innocentes
    Le doux encens.
On doit l'aimer dans tous les tems,
    Dans tous les âges ;
Mais, sur-tout, des jours innocens
    Il aime les hommages.

Divin Jésus, beauté suprême !
    Comblez nos vœux ;
Venez dans nous, venez vous-même
    Nous rendre heureux.

Daignez, grand Dieu, de vos bienfaits
   Remplir nos ames ;
Qu'elles ne brûlent désormais
   Que de vos saintes flammes.

Pour le troisième Dimanche après la Pentecôte.

Octave de la fête du Saint Sacrement.

L'INGRATITUDE DES HOMMES ENVERS JÉSUS-CHRIST.

Air : *Ah ! pleurez, pleurez mes yeux.*

Jésus est la bonté même,
Il a mille doux appas ;
Cependant, aucun ne l'aime,
On n'y pense presque pas :
Pendant que la créature
Nous embrase de ses feux ,
Pour Dieu seul notre ame est dure ,
Ah ! pleurez, pleurez mes yeux.

Dieu se rend un Dieu sensible,
Afin de mieux nous charmer ;
Mais , en se rendant visible,
A-t-il pu se faire aimer ?
Lorsqu'un tendre amour le presse
De prévenir tous nos vœux ,
Quel retour ? nulle tendresse :

   Ah ! pleurez , etc.

D'un enfant, il prend les charmes,
Pour attendrir les humains :
Pour cela , de douces larmes
Coulent de ses yeux divins :

Notre ame est-elle attendrie
Par tous ces cris amoureux ?
Elle est toujours endurcie.

    Ah ! pleurez, etc.

De la divine justice,
Jésus porte tout le poids ;
Il nous sauve du supplice,
En mourant sur une croix :
Et , pour tant de bienveillance ,
Avons-nous , ô malheureux ,
La moindre reconnaissance ?

    Ah ! pleurez , etc.

Jésus, dans l'Eucharistie ,
Par un prodige d'amour,
Devient notre pain de vie ,
Notre pain de chaque jour ;
Au milieu de tant de flammes,
Dans ce mystère amoureux ,
Que de froideur dans nos ames !

    Ah ! pleurez, etc.

Il daigne, en vain, de ce trône ,
Nuit et jour , nous inviter ;
Jamais, y voit-on personne
Qui daigne le visiter ?
Sa maison est délaissée ,
Son entretien ennuyeux ,
Et sa table méprisée.

    Ah ! pleurez, etc.

Mon Jésus n'a point d'asile
Contre les coups des mortels ;
C'est un rempart inutile
Que son trône et ses autels ;

Chaque jour, rempli de rage,
Le pécheur audacieux,
Au lieu saint lui fait outrage :

   Ah ! pleurez, etc.

Tous les jours se renouvelle
Contre mon divin Sauveur,
Cette trahison cruelle
Qui fit tant souffrir son cœur :
O combien de parricides,
Recevant le Roi des Cieux,
Donnent de baisers perfides :

   Ah ! pleurez, etc.

Une croix, pour lui, cruelle,
C'est un corps dans le péché ;
A cette chair criminelle,
Qu'on l'a souvent attaché !
Tout est souillé par nos vices.
Que je découvre en tous lieux,
Pour mon Jésus, de supplices !

   Ah ! pleurez, etc.

Pour le quatrième Dimanche après la Pentecôte.

FÊTE DU SACRÉ CŒUR DE JÉSUS.

Air : *Dans nos hameaux, la paix*, etc.

Cœur de Jésus, cœur à jamais aimable,
Cœur digne d'être à jamais adoré !
Ouvre à mon cœur un accès favorable ;
Bénis ce chant que je t'ai consacré.
Aide à ma voix à louer ta puissance,

Ta vive ardeur, tes charmes, tes attraits ;
Tes saints soupirs, tes transports, ta clémence,
Ton tendre amour, l'excès de tes bienfaits.

O divin Cœur, ô source intarissable
De tout vrai bien , de douceur , de bonté !
Tu réunis , dans ton centre adorable,
Tous les trésors de la Divinité.
Maître des dons de sa magnificence,
Arbitre seul des célestes faveurs,
Cœur plein d'amour, tu mets ta complaisance
A les répandre , à les voir dans nos cœurs.

Jésus naissant, déjà fait ses délices
De se livrer et de souffrir pour nous ;
Déjà son Cœur nous donne les prémices
Des flots de sang qu'il vient verser pour tous.
Ce Cœur, toujours sensible à nos disgraces,
Sur nos besoins s'ouvrit de jour en jour,
Et du sauveur marqua toutes les traces,
Par tous les traits d'un généreux amour.

Quand Jésus suit la brebis infidelle,
Son Cœur conduit et fait hâter ses pas ;
Quand il reçoit un fils ingrat, rebelle ,
Son Cœur étend et resserre ses bras.
Quand , à ses pieds , la femme pénitente
Vient déposer ses pleurs et ses regrets,
Son Cœur en fait une fidelle amante,
Qu'il enrichit de ses plus doux bienfaits.

C'est dans ce Cœur, de tous les cœurs l'asile,
Que l'ame tiède excite sa langueur ;
Que le pécheur a son pardon facile,
Que le fervent enflamme son ardeur.
Le cœur plongé dans le sein des disgraces,
Trouve dans lui l'oubli de sa douleur,

Et le cœur faible une source de grâces ,
Qui le remplit de force et de vigueur.

Jardin sacré , ô vous montagne sainte ,
Tristes témoins de Jésus affligé ,
Apprenez-nous dans quels excès de crainte ,
Dans quels ennuis son Cœur était plongé ,
Quand, de la mort, sentant la vive atteinte ,
Et tout le poids du céleste courroux ,
Ce Dieu d'amour voyait la terre teinte
Des flots de sang qu'il répandait pour nous.

Ce fut son Cœur qui, d'un amer calice ,
Lui fit, pour nous, accepter les rigueurs ,
Et qui, pour nous, l'offrit à la malice ,
A tous les traits de ses persécuteurs.
Si, sur la croix, Jésus daigne s'étendre ,
Son cœur l'y fixe ; et s'il daigne y mourir ,
Oui, c'est son Cœur, ce Cœur pour nous si
                          tendre ,
Qui nous fait don de son dernier soupir.

Mais c'est encor trop peu pour sa tendresse :
Ce même Cœur, fixé sur nos antels ,
Se reproduit , se ranime sans cesse ,
Pour s'y prêter au bonheur des mortels.
C'est là toujours, que , placé sur un trône
D'amour, de paix , de grâce et de douceur ,
Pour eux il s'offre, il s'immole , il se donne ;
Pour tout retour , n'exigeant que leur cœur.

Cœurs trop long-tems endurcis , insensibles ,
A ses désirs vous refuseriez vous ?
Par quels bienfaits, par quels traits plus visibles ,
Peut-il montrer ses tendres soins pour nous ?
Ce riche don de son amour extrême ,

Ne pourra-t il vous vaincre , vous charmer ?
Ah ! mille fois , mille fois anathême
Au cœur ingrat qui ne veut point l'aimer.

Bienheureux ceux que l'innocence pure
Conduit souvent à son sacré festin ,
Et dont l'amour puise sa nourriture
Dans sa substance et dans son sang divin.
C'est là , sur-tout, qu'il s'unit à leur ame ,
Par le plus fort et le plus doux lien,
Et que leur cœur, et s'embrase et s'enflamme
Des mêmes feux dont est brûlé le sien.

Par quels excès, hélas! d'irrévérence ,
De sacrilége et de témérité ;
Par quel oubli, par quelle indifférence
N'ose-t-on point outrager sa bonté ?
Cœurs innocens, et vous ames ferventes ,
Vengez , vengez et sa gloire et ses dons ;
Rendez , pour lui, vos flammes plus ardentes,
Vos vœux plus purs, vos respects plus profonds.

Que sur la terre, à jamais, d'âge en âge,
Ce Cœur sacré , caché dans nos lieux saints,
Ait, et les vœux, et l'amour, et l'hommage ,
Et le tribut de l'encens des humains !
Que dans les Cieux, les Puissances l'honorent;
Qu'il règne après les siècles éternels ;
Que tous les cœurs, et l'aiment et l'adorent,
Que tous les cœurs soient pour lui des autels.

Cœur de Jésus, sois à jamais ma gloire ;
Sois mon amour, mes charmes, ma douceur ;
Sois mon soutien, ma force, ma victoire,
Ma paix , mon bien, ma vie et mon bonheur ;
Sois à jamais toute mon espérance ;

Sois mon secours, mon guide, mon Sauveur;
Sois mon trésor, ma fin. ma récompense,
Mon seul partage, et le tout de mon cœur.

Pour les Dimanches suivans.

LE BONHEUR DE SERVIR DIEU.

Air : *Ah ! vous dirai-je, maman, etc.*

O DIGNE objet de mes chants,
Daigne écouter mes accents;
Donne-moi cet amour tendre
Qui seul se fait bien entendre;
Règne à jamais sur mon cœur:
T'aimer, c'est tout mon bonheur.

Ah! Seigneur, à te servir,
Que je trouve de plaisir;
Si mes yeux versent des larmes,
Mon cœur y trouve des charmes:
L'amour répand des douceurs
Sur l'amertume des pleurs.

Monde, tu donnes la loi
A ceux qui vivent pour toi;
Mais que peux-tu sur une ame
Que l'amour divin enflamme ?
Vas, je connais tes douceurs;
Que d'épines sous tes fleurs!

Le Seigneur est mon appui,
Mon espérance est en lui;
Oui, je connais sa tendresse,
Il me tiendra sa promesse;
Une couronne m'attend,
Si je l'aime constamment.

Hélas ! je languis d'amour
Dans l'attente de ce jour :
Quand le céleste héritage
Deviendra-t-il mon partage ?
Ah ! serai-je assez heureux
Pour voir combler tous mes vœux ?

Heureux qui garde ses sens
Et qui combat ses penchans.
O Cieux, chantez sa victoire !
Il régnera dans la gloire ;
C'est là le prix des vertus
Que Dieu donne à ses élus.

Si vous craignez le combat,
De ce Prix voyez l'éclat ;
Ah ! quittez enfin le crime,
Vous en seriez la victime ;
Dieu, las de tant de délais,
Frappe enfin, mais pour jamais.

LES AVANTAGES DE LA FERVEUR.

Air : *L'aurore vient de naître.*

Goutez, ames ferventes,
Goûtez votre bonheur ;
Mais demeurez constantes
Dans votre sainte ardeur.
Heureux le cœur fidelle
On règne la ferveur !
On possède avec elle
Tous les dons du Seigneur,
Tous les dons du Seigneur.   ***Fin.***

Elle est le vrai partage

Et le sceau des Elus ;
Elle est l'appui , le gage ,
Et l'ame des vertus.

    Heureux , etc.

Par elle , la foi vive
S'allume dans les cœurs ,
Et sa lumière active
Guide et règle nos mœurs.

    Heureux , etc.

Par elle l'espérance
Ranime ses soupirs ,
Et croit jouir d'avance
Des célestes plaisirs.

    Heureux , etc.

Par elle , dans les ames ,
S'accroît, de jour en jour ,
L'activité des flammes
Du pur et saint amour.

    Heureux , etc.

C'est sa vertu puissante
Qui garantit nos sens
De l'amorce attrayante ,
Des plaisirs séduisans.

    Heureux , etc.

C'est sous sa vigilance ,
Que l'esprit et le cœur
Gardent leur innocence,
Et souvent leur pudeur.

    Heureux , etc.

C'est elle , qui de l'ame

Dévoile la grandeur,
Et le zèle s'enflamme
Par sa vive chaleur.

  Heureux, etc.

De l'ame pénitente
Elle adoucit les pleurs,
Et de l'ame souffrante
Elle éteint les douleurs.

  Heureux, etc.

Celui qui fut docile
A vivre sous ses lois,
Courut d'un pas agile
La route de la Croix.

  Heureux, etc.

Par elle, du martire,
Les sanglantes rigueurs,
Au cœur qui le désire,
N'offrent que des douceurs.

  Heureux, etc.

Elle est, pour qui seconde
Ses généreux efforts,
Une source féconde
De célestes trésors.

  Heureux, etc.

Une larme sincère,
Un seul soupir du cœur,
Par elle a de quoi plaire
Aux yeux purs du Seigneur.

  Heureux, etc.

C'est elle qui prépare

Tous ces traits de beauté,
Dont la main de Dieu pare
Les Saints dans sa clarté.

Heureux, etc.

Sous ces heureux auspices
On goûte les bienfaits,
Les charmes, les délices
De la plus douce paix.

Heureux, etc.

Mais sans sa vive flamme,
Tout déplaît, tout languit,
Et la beauté de l'ame
Se fane et dépérit.
Heureux le cœur fidelle
Où règne la ferveur!
On n'a part qu'avec elle,
Aux saints dons du Seigneur.

Pour le jour de l'Assomption.

LE TRIOMPHE DE MARIE ET DE SES ENFANS.

Air nouveau.

Triomphons, notre Mère est au sein de la gloire,
Jusques aux Cieux où son trône est porté.
Le seul espoir dont son cœur est flatté,
Est de voir ses enfans partager sa victoire. *bis.*

Reine des Cieux, de vos enfans
Reconnaissez, écoutez le langage;
Ils osent, de leur cœur, vous présenter l'hom-
mage,
Vous exprimer leurs sentimens :
Guidés par la reconnaissance,

Ils vous consacrent leur enfance.
Toujours vous plaire est leur désir :
Vous aimer *(bis)* fait leur seul plaisir. } *bis.*

Triomphons, etc.

C'est dans son cœur que désormais,
Pour être heureux, j'ai fait choix d'un asile ;
Mes jours sont plus sereins, mon ame est plus
tranquille,
Et mon esprit goûte la paix.
Dans cette aimable solitude,
L'aimer est mon unique étude ;
Son tendre cœur fut mon berceau,
Dans son cœur *(bis)* sera mon tombeau. } *bis.*

Triomphons, etc.

Quand verrons-nous cet heureux jour,
Où la vertu recevra sa couronne ?
Sa main nous la présente et son cœur nous la
donne ;
C'est le triomphe de l'amour.
Dans cette attente, je désire,
Voudrais être heureux, et soupire :
Désir, hélas ! cher à mon cœur,
Doux espoir *(bis)* soutiens mon ardeur. } *bis.*

Triomphons, etc.

Pour les Fêtes de la Sainte Vierge.

MOTIFS DE CONFIANCE EN MARIE.

Air : *Pauvre Jacques,* etc,

UNE VOIX.

Vous, qu'en ces lieux combla de ses bienfaits
Une mère auguste et chérie,
Enfans de Dieu, que vos enfans à jamais

Exaltent le nom de Marie: (*bis.*)
Je vois monter tous les vœux des mortels,
    Vers le trône de sa clémence :
Tout, à sa gloire, élève des autels,
    Des mains de la reconnaissance.

TOUS.

Nous, qu'en ces lieux combla de ses bienfaits
    Une Mère auguste et chérie,
Enfans de Dieu, que nos chants à jamais
    Exaltent le nom de Marie.   (*bis.*)

Ici, sa voix puissante sur nos cœurs,
    A la vertu nous encourage ;
Sur le saint joug elle répand des fleurs,
    Notre innocence est son ouvrage.   (*bis.*)
Si le lion rugit autour de nous,
    Elle etend son bras tutélaire ;
L'Enfer frémit d'un impuissant courroux,
    Et le Ciel sourit à la terre.

      Nous, qu'en ces lieux, etc.

Quand le chagrin, de ses traits acérés,
    Blesse nos cœurs et les déchire,
Sensible mère, elle est à nos côtés;
    Avec nos cœurs le sien soupire.   (*bis.*)
Combien de fois sa prévoyante main
    De l'ennemi rompit la trame :
Nous la priions, et nous sentions soudain
    La paix descendre dans notre ame.

      Nous, qu'en ces lieux, etc.

Battu des flots, vains jouets du trépas :
    La foudre grondant ur sa tête,
Le nautonnier se jette dans ses bras,
    L'invoque, et voit fuir la tempête.   (*bis.*)

Tel le Chrétien, sur ce monde orageux, .
    Vogue toujours près du naufrage :
Mais à Marie adresse-t-il ses vœux,
    Il aborde en paix au rivage.

      Nous, qu'en ces lieux, etc.

Heureux celui qui, dès ses premiers ans,
    Se fit un bonheur de lui plaire !
Heureux ceux qu'elle adopta pour enfans !
    La Reine des Cieux est leur Mère.   (*bis.*)

Oui, sa bonté se plaît à secourir
    Un cœur confiant qui la prie.
Siècles, parlez ! … vit-on jamais périr
    Un vrai serviteur de Marie ?

      Nous, qu'en ces lieux, etc.

Vos fronts, pécheurs, pâlissent abattus,
    A l'aspect du souverain Juge.
Ah ! si Marie est Reine des vertus,
    Des pécheurs elle est le refuge.   (*bis.*)

Déposez donc en son sein maternel
    Votre repentir et vos larmes.
Elle priîra :…. des mains de l'Eternel
    Bientôt s'échapperont les armes.

      Nous, qu'en ces lieux, etc.

Si vous avez, dans toute sa fraîcheur,
    Conservé la tendre innocence,
Ah ! votre Mère en a sauvé la fleur;
    Elle vous garda dès l'enfance.   (*bis.*)

A son autel, venez, enfans chéris,
    Savourer de saintes délices.
Consacrez-lui vos cœurs et vos esprits;
    Elle en mérite les prémices.

      Nous, qu'en ces lieux, etc.

Temple divin, ô asile béni,
   Faut-il donc quitter ton enceinte ?
Faut-il aller de ce monde ennemi
   Braver la meurtrière atteinte ?   *(bis.)*
Tendre Marie, ah! nous allons périr!
   Le scandale inonde la terre !
Veillez sur nous, daignez nous secourir;
   Montrez-vous toujours notre Mère.
     Nous, qu'en ces lieux, etc.

LA GLOIRE ET LA PUISSANCE DE MARIE.

Air : *Du fond de vos forêts.*

A la Reine des cieux, offrons un tendre hom-
            mage ;
Réunissons, pour elle, et nos voix et nos cœurs,
Réunissons, pour elle, et nos voix et nos
            cœurs.   *Fin.*
    A la Reine, etc.

    A chanter ses grandeurs
Consacrons la fleur de notre âge.
    A la Reine, etc.

   Heureux celui qui, dès l'enfance,
   Lui fait de soi-même le don,
     Et met son innocence
     A l'abri de son nom !
     A la Reine, etc.

Aux yeux du Tout-Puissant elle fut toujours
            pure ;
Chantons, sur le péché, son triomphe éclatant,
    Chantons sur le, etc.

   Son cœur, même un instant,

Ne reçut jamais de souillure.
Aux yeux , etc.

Plus sainte que les chœurs des Anges ,
Des Trônes et des Chérubins,
Elle a droit aux louanges
Des mortels et des Saints.
Aux yeux , etc.

Le Dieu de sainteté la choisit pour sa mère,
Rendons, rendons hommage à sa maternité ,
Rendons, etc.

Par son humilité ,
A ses yeux purs elle sut plaire.
Le Dieu, etc.

Elle fut épouse et féconde ,
Sans nuire à sa virginité ;
Et le Sauveur du monde ,
De ses flancs nous est né.
Le Dieu, etc.

Son saint nom, aux enfers, toujours fut redou-
table ;
Chantons sur les démons son empire constant ,
Chantons, etc.

Sa main , du noir serpent
Ecrasa la tête coupable.
Son saint nom , etc.

En vain , de l'erreur renaissante
Les monstres se sont élevés ,
Sa force triomphante
Les a tous captivés.
Son saint nom , etc.

Tout retrace à nos yeux l'éclat de sa puissance ;
Sans cesse, qu'à sa gloire on dresse des autels.
Sans cesse, etc.

Sur elle, les mortels
Fondent leur solide espérance.
Tout, etc.

Auprès de Dieu, dans leurs disgraces,
Elle est le salut des humains,
Et la source des graces
Vient à nous par ses mains.
Tout, etc.

Elle est et notre Reine, et notre tendre mère ;
Vivons sous son empire, annonçons ses bienfaits.
Vivons, etc.

On n'est trompé jamais,
Lorsqu'en sa bonté l'on espère.
Elle est, etc.

Toujours sa tendresse facile
Se rend sensible à nos malheurs ;
Elle est toujours l'asile
Et l'espoir des pécheurs....
Elle est, etc.

O Vierge toujours sainte ! ô mère toujours
tendre !
Soyez, soyez propice aux vœux de vos enfans.
Soyez, etc.

Que sur nos jeunes ans,
Vos faveurs viennent se répandre !
O Vierge, etc.

De votre bonté salutaire,
Daignez nous prêter le secours ;
Montrez-vous notre mère,
Dans l'enfance et toujours.
O -Vierge, etc.

HOMMAGES RENDUS A MARIE.

Air : *Ce que je dis, est la vérité même.*

REINE des Cieux, de notre tendre hommage,
Nous vous offrons le faible encens ;
Que votre nom soit chanté d'âge en âge,
Qu'il soit toujours l'objet de mes accens.   *Fin.*

Les Cieux l'admirent en silence :
Comment oser célébrer sa grandeur ?
Mais oublions notre impuissance,
Ne consultons que notre cœur.

Reine des Cieux, etc.

De l'homme, hélas ! le crime est le partage ;
Il naît coupable et corrompu :
Dieu le sauva de ce triste naufrage,
Rien n'altéra l'éclat de sa vertu.   *Fin.*

Ainsi du lis, dans nos prairies,
Rien ne ternit la brillante couleur ;
Entouré de tiges flétries,
Il ne perd rien de sa blancheur.

De l'homme, hélas ! etc.

L'appât trompeur et séduisant des vices,
Ne corrompit jamais son cœur ;
Plaire à son Dieu, fit toujours ses délices ;
Vivre pour lui, fit toujours son bonheur.   *Fin.*

Bientôt son aimable innocence

Et ses vertus vont recevoir leur prix :
   Le jour paraît, l'instant s'avance....
   Le Fils d'un Dieu devient son fils.

  L'appât trompeur, etc.

Mère d'un Dieu ! que ce titre sublime
   Coûte à son cœur! qu'il va souffrir!
De nos péchés, son Fils est la victime....
Amour, amour, y peux-tu consentir ?   *Fin.*

   Quel sacrifice pour la Mère!
L'amour le veut, et l'amour le défend....
   Sa tendresse enfin nous pré ère,
   Son cœur gémit...... mais il consent.

  Mère d'un Dieu ! etc.

O Vierge sainte, auguste protectrice,
   Que votre amour veille sur nous;
D'un Dieu sévère, appaisez la justice,
Et suspendez l'effet de son courroux.   *Fin.*

   Insensible à notre tristesse,
Si des mortels vous dédaignez les vœux,
   Rappelez à votre tendresse,
   Que votre Fils mourut pour eux.

  O Vierge sainte, etc.

Soutenez-nous au milieu des alarmes,
   Secourez-nous dans nos malheurs;
Vous plairiez-vous à voir couler nos larmes?
Vous êtes mère, et nous versons des pleurs. *Fin.*

   Ah ! songez que notre misère
Devint pour vous la source des grandeurs :
   Dieu vous eût-il choisi pour Mère,
   Si nous n'eussions été pécheurs ?

  Soutenez-nous, etc.

18. .

MÊME SUJET.

Air : *Que ne suis je la fougère.*

Sion, de ta mélodie,
Cesse les divins accords;
Laisse-nous près de Marie,
Faire éclater nos transports.
La Reine que tu révère,
Le digne objet de tes chants,
Apprends qu'elle est notre Mère,
Et fais place à ses enfans.

Mais, comment, de cette enceinte,
Percer les voûtes des Cieux !
Descends plutôt, Vierge sainte,
Et viens régner en ces lieux.
Viens, d'un exil trop sévère,
Adoucir les longs tourmens :
Ta présence, auguste Mère,
Sera chère à tes enfans.

Pour toi, nous sentons nos ames
Brûler en ce divin jour,
Des plus innocentes flammes,
Du plus généreux amour.
Ah ! puissions-nous, à te plaire,
Consacrer tous nos instans,
Et prouver à notre Mère,
Que nous sommes ses enfans.

Sur tes autels, ô Marie,
Tous, d'une commune voix,
Nous jurons toute la vie
D'être soumis à tes lois.

De notre hommage sincère,
Puissent ces faibles garans,
Flatter notre tendre Mère :
C'est le vœu de ses enfans.

LE NOM DE MARIE.

Air : *Dans nos concerts.*

Dans nos concerts
Bénissons le nom de Marie :
Dans nos concerts
Consacrons-lui nos chants divers.
Que tout l'annonce et le publie ;
Et que jamais on ne l'oublie,
Dans nos concerts.

Qu'un nom si doux
Est consolant, qu'il est aimable !
Qu'un nom si doux
Doit avoir de charmes pour nous !
Après Jésus, nom adorable,
Fut-il rien de plus délectable
Qu'un nom si doux ?

Ce nom sacré
Est digne de tout notre hommage,
Ce nom sacré
Doit être par tout honoré.
Qu'il puisse toujours, d'âge en âge,
Être révéré davantage
Ce nom sacré !

Nom glorieux,
Que tout respecte ta puissance,
Nom glorieux,
Et sur la terre, et dans les cieux !

De Dieu , tu calmes la vengeance ,
Tu nous assures sa clémence ,
Nom glorieux !

Par ton secours ,
L'ame , à son Dieu toujours fidèle ,
Par ton secours ,
Dans la vertu coule ses jours.
Sa ferveur , son amour , son zèle ,
Se nourrit et se renouvèle
Par ton secours.

LE BONHEUR DE SERVIR MARIE.

Air : *Avec les jeux dans le village.*

Heureux, qui dès le premier âge ,
Honorant la Reine des Cieux ,
Fuit les dons qu'un monde volage
Etale avec pompe à ses yeux !
Qu'on est heureux sous son empire ;
Qu'un cœur pur y trouve d'attraits ;
Tout y ressent , tout y respire
L'amour, l'innocence et la paix.

Mondain , ta grandeur toute entière
S'anéantit dans le tombeau ;
L'instant où finit ta carrière,
Du juste est l'instant le plus beau.
La paix règne sur son visage ,
Son cœur est embrasé d'amour ;
Sa vie a coulé sans nuage ,
Sa mort est le soir d'un beau jour.

Comme un rocher qui, d'âge en âge,

Battu par les flots agités ,
Brave la fureur de l'orage
Et l'effort des vents irrités ;
Le vrai serviteur de Marie ,
Sûr à jamais de son appui ,
Brave l'impuissante furie
De l'enfer armé contre lui.

Mais l'éclat d'un monde volage
Séduit-il nos faibles esprits?
Elle dédaigne notre hommage ,
Et le repousse avec mépris.
Dès-lors que notre ame est charmée
Des biens fragiles et mortels ,
Notre encens n'est qu'une fumée
Qui déshonore ses autels.

Comment , avec un cœur profane ,
Le pécheur, malgré ses forfaits ,
De la vertu qui le condamne ,
Ose-t-il chanter les attraits ?
Dans son ame impure et flétrie ,
Nourrissant un feu criminel ,
Comment ose-t-il, à Marie ,
Jurer un amour éternel ?

Régnez, Vierge sainte , en notre ame;
Vous y ferez régner la paix :
Gravez en nous, en traits de flamme ,
Le souvenir de vos bienfaits.
Mettez à l'ombre de vos ailes
Ces cœurs qui vous sont consacrés ;
Vers les demeures éternelles
Guidez nos pas mal assurés.

CONSÉCRATION A LA SAINTE VIERGE.

Air connu.

JE veux célébrer, par mes louanges,
La gloire de la Reine des Cieux,
Et m'unissant au concert des Anges,
Je m'engage à la chanter comme eux.
    Je m'engage, etc.

Sur vos pas, ô divine Marie,
Plus heureux qu'à la suite des Rois,
Dès ce jour, et pour toute ma vie,
Je m'engage à vivre sous vos lois.
    Je m'engage, etc.

Si du monde, écoutant le langage,
Du plaisir j'ai cherché les attraits,
A vous posséder seule en partage,
Je m'engage aujourd'hui pour jamais.
    Je m'engage, etc.

Admire ton bonheur, ô mon ame!
Le Ciel même en doit être jaloux,
Puisqu'en suivant l'ardeur qui t'enflamme,
Tu t'engages aux devoirs les plus doux.
    Tu t'engages, etc.

Par un culte constant et sincère,
Par un vif et généreux amour,
A servir, à chérir une mère,
Tu t'engages aujourd'hui sans retour,
    Tu t'engages, etc.

Mais si tu veux lui marquer ton zéle ,
Et participer à son bonheur ,
Il faut qu'à suivre en tout ce modéle ,
Tu t'engages et d'esprit et de cœur,

    Tu t'engages, etc.

Mère sensible et compatissante ,
Soutiens, au milieu des combats ,
Les efforts d'une ame pénitente ,
Qui s'engage à marcher sur tes pas.

    Qui s'engage , etc.

Tu n'es plus qu'une terre étrangère
Pour moi , monde volage et trompeur :
Je ne veux plus que servir une mère
Qui s'engage à faire mon bonheur.

    Qui s'engage , etc.

Unissez vos voix , Peuple fidelle ,
Aux accords des esprits bienheureux ,
Pour chanter les louanges de celle
Qui s'engage à combler tous nos vœux.

    Qui s'engage , etc.

Pour les Fêtes de la Sainte Croix.

    Air : *Mon cœur, en ce jour solennel.*

Aimons Jésus, pour nous en Croix :
N'est-il pas bien juste qu'on l'aime,
Puisqu'en expirant sur ce bois,
Il nous aima plus que lui-même ?

Chrétiens, chantons à haute voix :
Vive Jésus, vive sa Croix.

Gloire à cette divine Croix ;
Le Sauveur l'ayant épousée,
Elle n'est plus, comme autrefois,
Un objet d'horreur, de risée.

    Chrétiens, etc.

Gloire à cette divine Croix,
Arbre dont le fruit salutaire
Répare le mal qu'autrefois
Fit le péché du premier père.

    Chrétiens, etc.

Gloire à cette divine Croix,
C'est l'étendard de sa victoire :
Par elle il nous donna ses lois,
Par elle il entra dans sa gloire.

    Chrétiens, etc.

Gloire à cette divine Croix,
De tous nos biens, source féconde,
Qui, dans le sang du Roi des Rois,
A lavé les péchés du monde.

    Chrétiens, etc.

Gloire à cette divine Croix,
La chaire de son éloquence,
Où, me prêchant ce que je crois,
Il m'apprend tout par son silence.

    Chrétiens, etc.

Gloire à cette divine Croix ;
Ce n'est pas le bois que j'adore,

Mais c'est mon Sauveur sur ce bois,
Que je révère et que j'implore.

     Chrétiens, etc.

Avec Jésus aimons sa Croix,
Prenons-la pour notre partage ;
Ce juste, cet aimable choix
Conduit au céleste héritage.

     Chrétiens, etc.

Après la Distribution des Prix.

**Les Enfans témoignent leur joie et se disent
adieu.**

Air : *Vive Louis.*

Jésus, l'ami de la Jeunesse,
A prêté l'oreille à nos vœux ;
Je veux, dit-il, dans sa tendresse,
Rendre tous ces enfans heureux.
A l'instant, cet aimable père
Daigne descendre dans nos cœurs.
  Ah! que nos cœurs   (*bis*)
Ont été charmés de lui plaire ;
  Ah! que nos cœurs   (*bis.*)
Goûtent d'ineffables douceurs !

Pour le présent inestimable
Dont Dieu vient de nous honorer,
Un amour et vif et durable,
C'est là le Prix qu'il faut donner ;
Que notre cœur s'offre sans cesse,
Et répétons à tout instant,
  Je suis content   (*bis.*)

Jésus m'accorde sa tendresse ;
   Je suis content,   (*bis.*)
Je vais vivre en le bénissant.

Jeunes amis, que la tendresse
Unissait des noms les plus doux,
Nous avons appris la sagesse :
Il en est tems, séparons-nous,
On va cesser de nous instruire ;
Il le faut donc, séparons-nous;
   Séparons-nous,   (*bis.*)
Mais sans nous lasser de nous dire,
   Méprisons tous   (*bis.*)
Un monde trompeur et jaloux.

TROISIÈME PARTIE.

PREMIERE COMMUNION.

RETRAITE

*Pour disposer prochainement les Enfans à
la première Communion.*

OUVERTURE DE LA RETRAITE.

LA première Communion se fait toujours un
jeudi. Le dimanche précédent, au soir, on assemble, dans la chapelle du Catéchisme, les
enfans qui ont été reçus à l'examen. Après
en avoir fait l'appel , et avoir assigné à chacun
la place qu'il doit occuper pendant toute la retraite , on fait la Prière, *page 29.* — On chante
ensuite un des Cantiques de pénitence , et les
Vêpres, *page 52.* — Aussitôt après Vêpres , le
Sermon de l'ouverture de la retraite. Il est es-
sentiel d'avertir les enfans , que pendant les
Discours, les Exhortations, les Avis, les Lec-
tures , ils doivent fermer leur livre , croiser
leurs bras ou joindre leurs mains , éviter tout
ce qui pourrait interrompre celui qui parle, ou

dist:aire leurs voisins, et, sous aucun prétexte, ne se permettre de tourner la tête. Après l'exorde, on chante le *Veni Creator*, page 37, et ensuite trois fois la strophe, *Monstra te esse matrem*, page 35.

On termine par là le premier exercice de la retraite. Alors celui qui la dirige (il est bon que ce soit toujours le même, et qu'il donne seul les avis), annonce solennellement, que la retraite est commencée ; il indique l'heure des exercices pour le lendemain ; observe, en passant, la nécessité de s'y rendre de bonne heure, avec recueillement et avec modestie. Après avoir donné tous les avis qu'il juge convenable, il récite la prière, *O divin Jésus !* page 31, et donne le signal pour le départ. Les enfans se retirent en silence, et par ordre de bancs.

ORDRE DES EXERCICES.

Lundi matin.

A sept heures et demie, la prière du matin, *page première.* — Courte méditation, lecture spirituelle avec quelques réflexions. — Un Cantique. — La Sainte Messe, *page 12.* — Cantique d'action de grâces. — Le Sermon, après lequel on reste à genoux, en silence, pendant quelques minutes. — Réflexions sur ce qu'on vient d'entendre. — Avis. — Prière, *O divin Jésus !* page 31. — Départ.

Lundi soir.

A trois heures, la Prière, *Divin Jésus,*

page 29. — Lecture édifiante. — Cantique. —
Interrogation et explication de quelqu'article
du catéchisme ; de la pénitence, par exemple ,
et, en particulier, de la contrition , de la confession , des dispositions prochaines pour bien
communier , etc. — Un Cantique. — Vêpres.
Sermon. — Méditation à genoux pendant quelques instans. — Réflexions. — Avis. — Prière.
O divin Jésus , page 31. — Départ.

Mardi.

Comme la veille.

Mercredi matin.

Comme le prémier jour, jusqu'au Sermon ,
qui est remplacé par l'acte de contrition, que
fait le prédicateur, au nom des enfans , après
une vive exhortation , la Croix à la main.
— L'adoration de la Croix , pendant laquelle
on chante le Cantique , *Au sang qu'un Dieu va
répandre* , page 157. — Les enfans se retirent
en silence , et vont trouver leurs Confesseurs,

Mercredi soir.

Prière. — Avis pour le reste de la journée et
pour le jour suivant. On n'oublie pas de recommander aux enfans , de demander la bénédiction à leurs parens. — Répétition des cérémonies du lendemain. — Communion blanche. —
Prière. — Départ.

19..

Le jour de la première Communion.

EXERCICES DU MATIN.

On assemble les enfans dans la chapelle du Catéchisme. Après la Prière, une courte méditation et les Avis, on les conduit processionnellement à l'Eglise. Dès qu'on les a placés, on chante le Cantique, *Mon bien aimé*, page 53. — Le Célébrant arrive, et entonne le *Veni Creator*, page 37. — La Sainte Messe. — Après l'offrande, un Ecclésiastique lit les Actes.

ACTES AVANT LA COMMUNION.

ACTE DE FOI.

Dieu du ciel et de la terre, Sauveur des hommes, vous venez à moi ; et j'aurai le bonheur de vous recevoir! Qui pourrait croire un semblable prodige, si vous ne l'aviez dit vous-même? Oui, Seigneur, je crois que c'est vous-même que je vais recevoir dans ce Sacrement; vous même qui, étant né dans une crèche, avez voulu mourir pour moi sur la Croix, et qui, tout glorieux que vous êtes dans le Ciel, ne laissez pas d'être caché sous ces espèces adorables.

Je le crois, mon Dieu, et je m'en tiens plus assuré que si je le voyais de mes propres yeux. Je le crois, parce que vous l'avez dit; que j'adore votre divine parole! Je le crois; et malgré ce que mes sens et ma raison peuvent me dire, je renonce à mes sens et à ma raison, pour me captiver sous l'obéissance de la Foi.

Je le crois; et s'il fallait souffrir mille morts pour la confession de cette vérité, aidé de votre grâce, ô mon Dieu, je les souffrirais, plutôt que de démentir sur ce point ma croyance et ma Religion.

ACTE D'HUMILITÉ.

Qui suis-je, ô Dieu de gloire et de majesté! qui suis-je, pour que vous daigniez jeter les yeux sur moi? D'où me vient cet excès de bonheur, que mon Seigneur et mon Dieu veuille venir à moi? Moi, pécheur; moi, ver de terre; moi, plus méprisable que le néant, approcher d'un Dieu aussi saint, manger le pain des Anges, me nourrir d'une chair divine!....... Ah! Seigneur, je ne le mérite pas, je n'en serai jamais digne.

Roi du Ciel, Auteur et Conservateur du monde, Monarque universel, je m'anéantis devant vous, et je voudrais pouvoir m'humilier aussi profondément pour votre gloire, que vous vous abaissez dans ce Sacrement pour l'amour de moi. Je reconnais, avec toute l'humilité possible, et votre souveraine grandeur et mon extrême bassesse. La vue de l'une et de l'autre me jette dans une confusion que je ne puis exprimer, ô mon Dieu! Je dirai seulement, avec une humble sincérité, que je suis très-indigne de la grâce que vous daignez me faire aujourd'hui.

ACTE DE CONTRITION.

Vous venez à moi, Dieu de bonté et de misé-

ricorde. Hélas! mes péchés devraient bien plutôt vous en éloigner. Mais je les désavoue en
votre présence, ô mon Dieu. Sensible au dé-
plaisir qu'ils vous ont causé, touché de votre
infinie bonté, résolu sincèrement de ne les plus
commettre, je les déteste de tout mon cœur,
et vous en demande très-humblement pardon.
Pardonnez-les moi, mon Père, mon aimable
Père: puisque vous m'aimez encore jusqu'à permettre que je m'approche de vous, pardonnez-
les moi.

Je suis déjà lavé, comme je l'espère, par le
Sacrement de Pénitence ; mais lavez-moi, Seigneur, encore davantage : purifiez - moi des
moindres souillures, créez dans moi un cœur
nouveau, et renouvelez jusqu'au fond de mes
entrailles, cet esprit d'innocence qui me mette
en état de vous recevoir dignement.

ACTE D'ESPÉRANCE.

Vous venez à moi, divin Sauveur des ames,
que ne dois je pas espérer de vous ? que ne
dois je pas attendre de celui qui se donne entièrement à moi ?

Je me présente donc à vous, ô mon Dieu,
avec toute la confiance que m'inspirent votre
puissance infinie et votre infinie bonté. Vous
connaissez tous mes besoins, vous pouvez les
soulager, vous le voulez, vous m'invitez d'aller
à vous, vous me promettez de me secourir. Hé
bien! mon Dieu, me voici; je viens sur votre
parole. Je me présente à vous avec toutes mes
faiblesses, mon aveuglement et mes misères ;
j'espère que vous me fortifierez, que vous
m'éclairerez, que vous me soulagerez, que
vous me changerez.

Je l'espère, sans crainte d'être trompé dans mon espérance; car, n'êtes-vous pas, ô mon Dieu, le maître de mon cœur? et quand mon cœur sera-t-il plus absolument dans votre disposition, que lorsque vous y serez une fois entré?

ACTE DE DÉSIR.

Est-il donc possible, ô Dieu de bonté, que vous veniez à moi, et que vous y veniez avec un désir infini de m'unir à vous? O venez, le bien-aimé de mon cœur; venez, Agneau de Dieu, Chair adorable, Sang précieux de mon Sauveur; venez servir de nourriture à mon ame. Que je vous voye, ô le Dieu de mon cœur, ma joie, mes délices, mon amour, mon Dieu, mon tout!

Qui me donnera des ailes pour voler vers vous? Mon ame éloignée de vous, incapable d'être remplie de vous, languit sans vous, vous souhaite avec ardeur, et soupire après vous, ô mon Dieu, mon unique bien, ma consolation, ma douceur, mon trésor, mon bonheur et ma vie, mon Dieu et mon tout!

Venez donc, aimable Jésus; et quelqu'indigne que je sois de vous recevoir, dites seulement une parole, et je serai purifié. Mon cœur est prêt, et s'il ne l'était pas, d'un seul de vos regards vous pouvez le préparer l'attendrir et l'enflammer. Venez, Seigneur Jésus, venez.

La Messe d'action de grâces. — Après le *Sanctus*, on lit les Actes.

ACTES APRÈS LA COMMUNION.

ACTE D'ADORATION.

Adorable Majesté de mon Dieu, devant qui tout ce qu'il y a de plus grand dans le ciel et sur la terre se reconnaît indigne de paraître, que puis-je faire ici en votre présence, si ce n'est de me taire et de vous honorer dans le plus profond anéantissement de mon ame.

Je vous adore, ô Dieu saint; je rends mes justes hommages à cette grandeur suprême devant laquelle tout genou fléchit; en comparaison de laquelle toute puissance n'est que faiblesse, toute prospérité que misère, et les plus éclatantes lumières, que ténèbres épaisses.

A vous seul, grand Dieu, Roi des siècles, Dieu immortel, à vous seul appartient tout honneur et toute gloire. Gloire, honneur, salut et bénédiction à celui qui vient au nom du Seigneur. Béni soit le Fils éternel du Très-haut, qui daigne s'unir aujourd'hui si intimement à moi, et prendre possession de mon cœur.

ACTE D'AMOUR.

J'ai donc enfin le bonheur de vous posséder, ô Dieu d'amour! Quelle bonté! Que ne puis-je y répondre! Que ne suis-je tout cœur, pour vous aimer autant que vous êtes aimable, et pour n'aimer que vous! Embrasez-moi, mon Dieu; brûlez, consumez mon cœur de votre amour. Mon Bien-Aimé est à moi. Jésus, l'aimable Jésus se donne à moi.... Anges du Ciel, Mère de mon Dieu, Saints du ciel et de la terre, prêtez-moi vos cœurs, donnez-moi votre amour, pour aimer mon aimable Jésus.

Oui, je vous aime, ô le Dieu de mon cœur, je vous aime de toute mon ame ; je vous aime souverainement, je vous aime pour l'amour de vous, et avec une ferme résolution de n'aimer que vous. Je le jure, je le proteste : mais assurez vous-même, ô mon Dieu, ces saintes résolutions dans mon cœur qui est présentement à vous.

ACTE DE REMERCIMENT.

Quelles actions de grâces, ô mon Dieu, pourraient égaler la faveur que vous me faites aujourd'hui ? Non content de m'avoir aimé jusqu'à mourir pour moi, Dieu de bonté, vous daignez encore venir en personne m'honorer de votre visite, et vous donner à moi! O mon ame, glorifie le Seigneur ton Dieu, reconnais sa bonté, exalte sa magnificence, publie éternellement sa miséricorde. C'est avec un cœur attendri et plein de reconnaissance, ô mon doux Sauveur, que je vous remercie de la grande grâce que vous daignez me faire. J'ai été un infidelle, un lâche, un prévaricateur ; mais je ne veux pas être un ingrat : je veux me souvenir éternellement, qu'aujourd'hui vous vous êtes donné à moi, et marquer par toute la suite de ma vie, les obligations excessives que je vous ai, ô mon Dieu, en me donnant parfaitement à vous.

ACTE DE DEMANDE.

s en moi, source inépuisable de

tous biens ; vous y êtes plein de tendresse pour moi, les mains pleines de grâces, et prêt à les répandre dans mon cœur. Dieu bon, libéral et magnifique, répandez-les avec profusion ; voyez mes besoins, voyez votre pouvoir. Faites en moi ce pourquoi vous y venez ; ôtez ce qui vous déplaît dans mon cœur, mettez-y ce qui peut me rendre agréable à vos yeux. Purifiez mon corps, sanctifiez mon ame, appliquez-moi les mérites de votre vie et de votre mort ; unissez-vous à moi, chaste Epoux des ames ; unissez-moi à vous ; vivez en moi, afin que je vive en vous, que je vive de vous, et à jamais pour vous.

Faites en moi, aimable Sauveur, ce pourquoi vous y venez ; accordez-moi les grâces que vous savez m'être nécessaires. Accordez les mêmes grâces à tous ceux et à celles pour qui je suis obligé de prier. Pourriez-vous, mon aimable Sauveur, me refuser quelque chose, après la grâce que vous me faites aujourd'hui, de vous donner vous-même à moi.

ACTE D'OFFRANDE.

Vous me comblez de vos dons, Dieu de miséricorde ; et en vous donnant à moi, vous voulez que je ne vive plus que pour vous. C'est aussi, ô mon Dieu, le plus grand de tous mes désirs, que d'être entièrement à vous. Oui, je veux que tout ce que j'aurai désormais de pensées, tout ce que je formerai ou exécuterai de desseins, soit dans l'ordre de la parfaite soumission que je vous dois.

Je veux que tout ce qui dépend de moi, santé, forces, esprit, talens, crédit, bien, réputation, ne soient employés que pour les intérêts de votre gloire. Assujettissez-vous donc, ô Roi de mon cœur, toutes les puissances de mon ame ; régnez absolument sur ma volonté, je la soumets à la vôtre. Après la faveur dont vous m'honorez, je ne souffrirai pas qu'il y ait rien en moi qui ne soit parfaitement à vous.

ACTE DE BON PROPOS.

O LE plus patient et le plus généreux de tous les amis ! qu'est-ce qui pourrait désormais me séparer de vous ? Je renonce de tout mon cœur à ce qui m'en avait éloigné jusqu'ici ; et je me propose, avec le secours de votre grâce, de ne plus retomber dans mes fautes passées.

Ainsi donc, ô mon Dieu, plus de pensées, de désirs, de paroles ou d'actions qui soient le moins du monde contraires à la pudeur ou à la charité ; plus d'impatiences, de juremens, de mensonges, de querelles, de médisances ; plus d'omissions dans mes devoirs, ni de langueur dans votre service ; plus de liaisons sensibles ni d'amitiés naturelles ; plus d'attache à mes sentimens ni à mes commodités ; plus de délicatesse sur les mépris et sur les discours des hommes ; plus de passion pour l'estime et l'attention du monde. Plutôt mourir, ô mon Dieu, plutôt expirer ici devant vous, que de jamais vous déplaire.

Vous êtes au milieu de mon cœur, divin Jésus ; c'est en votre présence, que je forme ces résolutions, afin que vous les confirmiez, et que votre adorable Sacrement, que je viens de recevoir, en soit comme le sceau qu'il ne me soit jamais permis de violer. Confirmez donc, ô

Dieu de bonté, le désir que j'ai d'être uniquement à vous, et de ne vivre plus que pour votre gloire. Ainsi soit-il.

Après la Messe d'action de grâces, celui qui a dirigé les Exercices de la Retraite, rappelle aux enfans, qu'en ce moment ils peuvent tout auprès de Dieu, et les engage à profiter de leur crédit pour lui recommander leurs parens, leurs amis, et toutes les personnes qui se sont intéressées à la retraite : il récite en leur nom et avec eux la prière suivante.

Prière.

Demandez et vous recevrez, nous avez-vous dit, aimable Sauveur : tout ce que vous demanderez à mon Père, en mon nom, vous l'obtiendrez. C'est sur la foi de votre promesse, que nous venons porter à vos pieds les vœux de la reconnaissance. Sans doute, ô mon Dieu, vous êtes le premier et le plus grand de nos bienfaiteurs, puisque vous avez porté la charité jusqu'à vous donner à nous, votre corps, votre sang, votre ame, votre divinité toute entière. Mais, hélas ! si des parens chrétiens ne nous eussent appris à vous connaître, si nos maîtres ne nous eussent conduits vers vous, si des Prêtres zélés ne nous eussent enseigné votre Loi ; ou, comme tant d'autres, nous eussions ignoré votre nom ; ou, comme un plus grand nombre, nous eussions pris la route qui conduit à la mort. C'est donc un devoir pour nous, c'est donc un besoin pour nos cœurs, de reconnaître cette obligation importante. Et pouvons-nous mieux le faire qu'en vous priant pour eux, dans ce moment sur-tout , où nous sommes tout-puissans auprès de vous ? Rendez-leur donc, ô mon Dieu , tout le bien qu'ils nous ont fait. Comblez de vos bénédictions les plus abondantes, ceux à qui nous devons la vie dans l'ordre de la nature et dans celui de la grâce. Bénissez nos parens et nos amis ; regardez d'un œil de miséricorde, ceux que vous avez appelés à vous. Comblez sur-tout de vos grâces, ceux qui n'ont cessé de lever leurs mains vers votre Trône , pour nous obtenir une sainte préparation , afin qu'après avoir commencé sur la terre cette famille de Saints que vous avez enfantés sur la Croix , nous ayons le bonheur d'être réunis dans la gloire , dans l'unité du Père, du Fils et du Saint-Esprit. Ainsi soit-il.

Un Cantique et le départ.

EXERCICES DU SOIR.

Les enfans s'assemblent, comme le matin , dans la Chapelle du Catéchisme. Après leur avoir donné les avis nécessaires pour passer le reste de la journée, on les conduit à l'Eglise , dans le même ordre que le matin. — Un Cantique, Vêpres. — Le Sermon , suivi du renouvellement des vœux du Baptême. Un enfant , au nom de tous , récite l'acte suivant.

Acte de renouvellement des vœux du Baptême.

Me voici à vos pieds , ô mon Dieu, pour vous témoigner ma juste reconnaissance , et vous re-

(232)

mercier de la grâce de mon Baptême. J'étais né enfant de colère, esclave du Démon ; dans cet état, je ne pouvais avoir part au bonheur des Saints. C'est vous seul, ô mon Dieu, qui m'avez fait naître dans le sein de l'Eglise catholique, et parvenir à la grâce du saint Baptême. Au même instant que je l'ai reçu, vous m'avez rendu tout mes droits à l'héritage céleste. Marqué du sceau des enfans de Dieu, ayant Jésus-Christ pour frère et pour chef, je ne devais jamais rentrer sous l'esclavage honteux du Démon. Pourquoi faut-il que j'aie contristé l'Esprit Saint, que je l'aie chassé de mon cœur ? Qu'est devenue la robe de mon innocence ? que sont devenus ces engagemens solennels que prirent pour moi des parens chrétiens ? Ah ! Seigneur, je les ai violés. La robe de mon innocence ! je l'ai traînée dans la fange du péché. Mais, ô mon Dieu, vous l'avez purifiée aujourd'hui dans votre Sang, et elle est devenue plus blanche que la neige. Ces promesses que j'ai violées, je les renouvelle aujourd'hui moi-même, librement et dans toute la sincérité de mon cœur. Oui, je crois, et ma foi sera la règle de ma conduite. Parures mondaines, plaisirs perfides, assemblées profanes, vous ne serez rien pour mon cœur. Evangile saint, vous ferez mes délices. Temple sacré, vous serez ma demeure. Justes de la terre, je viendrai chanter au milieu de vous les louanges du Seigneur ; et lorsque ma dernière heure sera venue, les Anges me recevront avec vous dans les Tabernacles éternels, où nous posséderons, sans crainte de le perdre, le Dieu qui nous a visités.

Le Salut, — et ensuite la Consécration à la Sainte Vierge. Un enfant récite l'acte suivant.

Acte de Consécration à la Sainte Vierge.

Très-sainte Marie, Mère de Dieu, souveraine maîtresse des Anges et des hommes, ceux et celles que vous voyez ici prosternés à vos pieds, sont autant d'enfans chrétiens que votre cher Fils a nourris pour la première fois de son Corps adorable, qu'il a enivrés de son sang précieux, et auxquels il a inspiré la résolution de n'aimer que lui seul : ce sont des enfans que leur première Communion a rendus plus particulièrement les vôtres ; ils viennent rendre hommage à vos grandeurs, reconnaître vos bontés et réclamer votre protection. Chargé d'exprimer les sentimens dont ils sont pénétrés, désirant de répondre à leur piété et me satisfaire moi-même, je vous offre leur cœur et le mien ; c'est le gage de notre respect, de notre amour pour vous, et de la tendre confiance que nous avons en vos miséricordes. Agréez la protestation que nous faisons, de vivre et de mourir dans votre service. Pour toute récompense, nous vous demandons de mettre le comble à notre bonheur, et de rendre ce jour le plus heureux de notre vie, en nous accordant votre sainte protection, et en exauçant les vœux que nous vous adressons de tout notre cœur, pour nos parens, nos amis, nos bienfaiteurs, et surtout pour ces charitables Ministres qui se sont efforcés, par leurs instructions, de nous rendre des enfans dignes de la meilleure de toutes les mères. Ainsi soit-il.

Cantique d'Action de Grâces.

TE Deum laudamus : te Dominum confitemur.

Te æternum Patrem : omnis terra veneratur.

Tibi omnes Angeli : tibi cœli, et universæ potestates.

Tibi Cherubim et Seraphim : incessabili voce proclamant :

Sanctus,

Sanctus,

Sanctus,

Dominus : Deus Sabaoth.

Pleni sunt cœli et terra : majestatis gloriæ tuæ.

Te gloriosus : Apostolorum chorus,

Te Prophetarum : laudabilis numerus,

Te Martyrum candidatus : laudat exercitus.

Te per orbem terrarum : sancta confitetur Ecclesia,

Patrem : immensæ majestatis ;

Venerandum tuum verum : et unicum Filium ;

Sanctum quoque : Paracletum Spiritum.

Tu Rex gloriæ : Christe.

Tu Patris : sempiternus es Filius.

Tu, ad liberandum suscepturus hominem : non horruisti Virginis uterum.

Tu, devicto mortis aculeo : aperuisti credentibus regna cœlorum.

Tu ad dexteram Dei sedes : in gloriâ Patris.

Judex crederis : esse venturus.

Te ergo, quæsumus, famulis tuis subveni : quos pretioso sanguine redemisti.

Æternâ fac : cum sanctis tuis, in gloriâ numerari.

Salvum fac populum tuum, Domine : et benedic hereditati tuæ.

Et rege eos : et extolle illos usque in æternum.

Per singulos dies : benedicimus te.

Et laudamus nomen tuum in sæculum : et in sæculum sæculi.

Dignare, Domine, die isto : sine peccato nos custodire.

Miserere nostrî , Domine : miserere nostrî.

Fiat misericordia tua, Domine , super nos : quemadmodum speravimus in te.

In te, Domine, speravi : non confundar in æternum.

Amen.

℣. Benedicamus Patrem et Filium, cum Sancto Spiritu ;

℟. Laudemus et superexaltemus eum in sæcula.

Oremus.

Dɪus , cujus misericordiæ non est numerus , et bonitatis infinitus est thesaurus , piissimæ majestati tuæ pro collatis donis gratias agimus ; tuam semper clementiam exorantes , ut , qui petentibus postulata concedis , eosdem non deserens , ad præmia futura disponas ; Per Dominum nostrum Jesum Christum Filium tuum.

Amen.

Les derniers Avis , et le départ.

Le lendemain.

A neuf heures, la Messe d'action de grâces.

CONFIRMATION.

Les exercices qui précèdent la Confirmation, durent trois jours, comme ceux de la première Communion, et se font dans le même ordre ; il n'y a de différence, que dans les sujets qu'on y traite.

Avant les exercices, au lieu de la Prière à Jésus-Christ,

Prière au Saint-Esprit.

ESPRIT-SAINT, qui, malgré la faiblesse et les inperfections inséparables de l'enfance, ne dédaignez pas de venir habiter en moi, je m'humilie profondément à la vue de votre divine Majesté. Faites-moi la grâce de connaître de plus en plus la grandeur, l'excellence du bienfait que vous voulez m'accorder, afin que je redouble mes efforts pour vous bien recevoir : ou plutôt, Esprit de bonté, de pureté et d'amour, bannissez de mon cœur tout ce qui pourrait vous déplaire, et préparez - y vous-même votre demeure. Ainsi soit-il.

Et après les exercices,

PRIERE

Pour obtenir les sept Dons du Saint-Esprit.

DIEU tout-puissant et éternel, vous avez daigné me régénérer dans l'eau et dans le Saint-Esprit ; vous m'avez accordé la rémission de mes péchés ; mettez le comble à vos faveurs inestimables ; faites descendre sur moi l'Esprit de sagesse, qui me fasse mépriser les choses périssables de ce monde, et aimer les biens éternels ; l'Esprit d'intelligence, qui m'éclaire et me donne la connaissance de la Religion ; l'Esprit de conseil, qui me fasse rechercher avec soin les moyens sûrs de plaire à Dieu et d'arriver au Ciel ; l'Esprit de force, qui me fasse surmonter avec courage tous les obstacles qui s'opposent à mon salut ; l'Esprit de science, qui me rende éclairé dans les voies de Dieu ; l'Esprit de piété, qui me rende le service de Dieu doux et aimable ; l'Esprit de crainte, qui m'inspire pour Dieu un respect mêlé d'amour, et qui me fasse craindre de lui déplaire. Marquez moi, par votre miséricorde, du signe de la Croix de Jésus-Christ, pour la vie éternelle. Faites enfin, que, portant la Croix sur le front, je la porte aussi dans mon cœur, et que, vous confessant hautement devant les hommes, je mérite d'être reconnu et récompensé au jour terrible du jugement universel. Ainsi soit-il.

LE JOUR DE LA CONFIRMATION.

LE MATIN.

ACTES AVANT LA CONFIRMATION.

ACTE DE FOI.

Mon Dieu, je crois fermement que je vais recevoir votre Esprit saint dans le Sacrement de

Confirmation; je le crois, parce que vous l'avez dit, et que vous êtes la souveraine vérité, qui ne peut se tromper, ni nous tromper.

ACTE D'ESPÉRANCE.

J'ESPÈRE, ô mon Dieu, de votre bonté infinie, qu'en recevant, malgré mon indignité, votre Esprit saint, je le recevrai avec toute l'abondance de ses grâces ; qu'il me rendra parfait Chrétien, et me donnera la force de confesser ma foi, même au péril de ma vie.

ACTE D'AMOUR.

JE vous aime, ô mon Dieu, de tout mon cœur, de toute mon ame, de toutes mes forces, et par-dessus toutes choses, parce que vous êtes infiniment bon et infiniment aimable, et parce que vous m'allez accorder la grâce de recevoir votre Esprit saint dans le Sacrement de Confirmation : embrasez mon cœur de votre amour, et que j'y persévère jusqu'à la fin de mes jours.

ACTES APRÈS LA CONFIRMATION.

ACTE DE REMERCIMENT.

MON DIEU, quoique je ne sois pas capable de comprendre toute la grandeur des bienfaits que vous venez de m'accorder, en me communiquant votre Esprit saint avec l'abondance de ses grâces, je vous en remercie cependant avec les sentimens de la plus vive reconnaissance : agréez, je vous en conjure, les mouvemens qui élèvent mon cœur vers vous, et les très-humbles actions de grâces que j'ose présenter à votre divine Majesté. Ce bienfait signalé, qui a imprimé dans mon ame le caractère de parfait Chrétien, y restera gravé à jamais, et sera pour moi le motif pressant d'une éternelle reconnaissance.

ACTE DE CONSÉCRATION.

Esprit divin, qui, par un pur effet de votre bonté et de votre miséricorde infinie, venez de vous donner tout entier à moi, malgré mon indignité, pourrais-je être assez ingrat pour ne pas me donner tout entier à vous ? Non, mon Dieu, il n'en sera pas ainsi : recevez l'offrande que je vous fais de tout ce que je suis. Je vous consacre mon esprit avec toutes ses pensées, mon ame avec tous ses mouvemens, mon cœur avec toutes ses affections : vous serez désormais le Dieu de mon cœur, et mon partage pour l'éternité. Achevez, divin Esprit, ce que vous avez commencé en moi ; fortifiez les pieux sentimens que vous m'avez inspirés, et faites que je brûle à jamais du feu sacré de votre amour.

ACTE DE DEMANDE.

Esprit-saint, honoré que je suis de votre divine présence, et comblé de vos dons, je me présente à vous avec confiance, pour vous supplier de me conserver l'abondance des grâces que vous avez daigné m'accorder. C'est un trésor bien précieux, mais je le porte dans un vase bien fragile. Sans votre bonté, je n'aurais jamais reçu ces faveurs signalées ; sans votre puissante protection, je me vois exposé, à chaque instant, à le perdre. Je crois sentir un

vrai désir de conserver ce précieux trésor ;
mais je reconnais et je confesse humblement,
que je ne puis le faire sans votre secours. Esprit de force, fortifiez ma faiblesse, rendez-
vous à mes vœux ardens ; et faites que vos
grâces demeurent en moi autant que durera le
caractère sacré que vous avez imprimé dans mon
ame ; c'est-à-dire, pendant tout le cours de ma
vie, et pendant toute l'éternité.

LE SOIR.

Les Vêpres, le Sermon, le Salut. — Et on
termine par cette Prière :

Prière.

Nous allons quitter, Seigneur, ce Temple saint
où votre esprit a daigné visiter nos ames. Nous
allons retourner au milieu de ce monde dont
l'esprit contredit sans cesse l'Esprit de Jésus-
Christ. Ne vous retirez pas de nous, ô Esprit-
Saint ; ne nous abandonnez pas à sa malice ; que
votre lumière nous guide, que votre amour
nous embrase ! Ne permettez pas que nos fronts,
qui brillent encore de l'Onction sainte, rou-
gissent de l'Evangile, ni que nos membres, devenus vos membres, soient déshonorés par le
péché. Que jamais nos cœurs ne vous résistent ;
au contraire, qu'ils soient toujours dociles aux
impressions de votre grâce, parce que vous êtes
l'Esprit de sagesse, l'Esprit de force, et que
vous seul pouvez nous faire accomplir ce qu'il
vous plaît de nous inspirer. Ainsi soit-il.

FIN.

TABLE DES MATIÈRES.

PREMIÈRE PARTIE.

EXERCICES DU MATIN.

EXERCICES DU SOIR.

Pages.

SECONDE PARTIE.

TROISIÈME PARTIE.

FIN DE LA TABLE DES MATIÈRES.

TABLE ALPHABÉTIQUE
DES CANTIQUES.

FIN DE LA TABLE DES CANTIQUES.

De l'Imprimerie des Sciences et Arts, rue Ventadour,
N.º 5.